U0111719

大展好書　好書大展
品嘗好書　冠群可期

少林功夫②

少林三大名拳

炮拳、大洪拳、六合拳

門惠豐
馬學智　主編
齊　海

大展出版社有限公司

前 言

少林拳「源起中州，名冠天下」，是我國武林之中的一朵奇葩。

少林武術是我國珍貴的文化遺產，是少林衆僧千百年來刻苦磨練和實踐經驗的結晶，也是我國古老的優秀武術流派之一，亦名「少林派」。由於少林派具有「樸實無華、剛健有力、勇猛敏捷」，「久練健身能延年，武藝超群能自衛」等特色，所以深受國內外武術愛好者的喜愛。爲了發展和繼承少林武術的精華，促進全民健身活動的開展，大力挖掘和整理我國古老優秀拳種，我們與少林名僧、登封體委武術教練等武術界人士共同研討，創編了適合現代武術愛好者學習少林武術的教材。

自《少林武術教材》一書在安徽科技出版社出版（再版與香港上海書局合印發行）至今，深受國內外武術愛好者的歡迎，河南登封體委將此書作爲全市各少林武術學校的基本教材。北京體育大學也將該教材列入武術教學內容之一，並開辦了國際少林武術培訓班，向國外學員傳習。在國內外武術教學實踐中，學者一致認爲《少林武術教材》這部書，技術規範，系統性強；風格特點突出，教學層次分明；有功有法，循序漸進，易學易懂，易於普及，在向國內外推廣武術活動中起到了積極作用。由多年的《少林武術教材》的教學反饋，國內外少林武術愛好者希望多出一些類似的，易教易學、喜聞樂見的少林武術教材。

爲了滿足廣大武術愛好者的需求，在慶祝河南少林寺建寺一千五百週年和舉辦「第四屆少林武術節」之際，我們又推出第二部少林武術教材《少林三大名拳》。這部教材內容同樣是北京體育大學武術師生在登封少林武校聯合辦學過程中，與少林寺武僧、當地老拳師和少林武術教練，按照傳統性、科學性、實用性原則挖掘、整理、研究、創編而成的，內容包括「簡化少林炮拳」、「少林大洪拳」、「少林六合拳對練」三部分。

這部教材同樣是在門惠豐教授具體策劃、部署、組織指導下完成的，少林武術名家梁以全給予了技術指導，北體大武術教研室馬學智老師在三大拳的創編整理和本書的編寫中做了大量工作。「少林炮拳」由馬春琦、石玉執筆編寫，「少林大洪拳」由陳俊傑執筆編寫，「少林六合拳對練」由馬學智、王美玲執筆編寫。

在挖掘整理「三大名拳」內容以及教材編寫過程中，曾得到少林寺名譽住持釋素喜和大和尚釋素雲的指教，登封少林寺武術館教練閻治軍、程治平也給予了很大的幫助，在此一併表示感謝。由於少林武術歷史悠久，內容繁雜多變，故在創編過程中有較大的難度。如書中內容有不合理地方，請讀者予以指正。

編著者

目　錄

一、簡化少林炮拳

(一) 簡　介

少林炮拳是少林拳的一種，創編於我國宋代時期。此拳是由福居禪師根據十八家短打，透過刻苦研究名家短打的精華，逐步演變而成。

在少林古拳譜中有《炮拳羅王傳歌訣》曰：「少室正宗武之花，諸拳之王炮拳架；一招一勢沖天塌，手足身步卷風沙；拳似發炮身如龍，趨避神速妖皆怕。」

現流傳的炮拳是由少林武僧釋德根大師推廣的。釋德根大師傳授了一部分，如一打三落層層變，五虎、八炮、七十二散手等單練方法；另一部分，如六合炮、二十四炮、三十二炮等對練方法，是少林二十九代和尚釋政續大師所傳。如今少林炮拳套路已成為全國武術套路錦標賽傳統拳術競賽項目之一。

少林炮拳原套路有 62 個動作，經過研究整理，去掉了一些重複的和特點不明顯的動作。現僅保留 43 個動作，分為兩大段：

第一段 21 個動作，主要以少林基本拳法和腿法為主，如：具有突擊特點的左右劈腿、連環仆面掌接飛腳，以及小巧玲瓏的束身勢和雲頂七星等；第二段 22 個動作，以起伏轉折、身法多變等突擊技法為主，如：小提鞋側鏟、轉臉對撅、沖心肘等。

此套路動作技法分明，特點突擊，可使身體得到全面均衡的發展。

（二）技術特點

1.拳打一條直線

「拳打一條直線」是少林拳的一個鮮明特點，在整個套路中表現尤為突出。此拳的動作可以在極短的時間內，以迅雷不及掩耳之勢迅速發揮出自己武功的能力。

從動作的外型上看，上肢動作的運動路線是橫起順落，打出的拳曲而不曲，直而不直，滾出滾入，運用自如；下肢的各種步型步法起落進退均在一條直線上，其作用在於控制身體重心不失平衡。

據前輩所言，這是根據實戰的需要而設計的，演練套路時不受場地狹小細長的限制，在實戰中能充分利用狹窄不利的地形。它還吸取了南北派武術的長處，練習時非長不能達氣，對搏時非短不能自顧。

千百年來，武術之所以經久不衰，令人稱贊，就是因為練武術不但能鍛鍊自己使之強壯，而且在瞬息萬變的實戰中能夠打擊對方保護自己。

簡化炮拳很重視基本功的練習，如蹲馬、站樁、馬步扣膝圓襠、弓步擰腰扣膝合胯等，都要求起落進退一條直線，快速敏捷，「踢人不見形，見形不為能」；使用方法內靜外猛，有「守之如處女，犯之如猛虎」之說；常常借人之力，順人之勢，以智勝蠻。

2. 套路短小精悍

本拳套路共 43 個動作，都以披身小架為主，動作小而快，爆發力強，剛勁有力，突出一個「硬」字。演練時，虛虛假假，聲東擊西，力從氣中出。每一招勢、每一拳法，皆是如此。套路的結束動作「舞花坐山」以聲發力，威振四方，克敵制勝。

套路雖然時間短，但動作充實，結構嚴謹，技擊性強。如「左右劈腿」似急風劈山，「雙峰貫耳」則力達命喪。在約 40 秒的套路演練中，充分體現出了套路小巧玲瓏、短小精悍的特點。

3. 臥獅兩門相守

「臥獅兩門相守」是簡化少林炮拳又一獨具的特點。套路第一段中的左右「束身勢」，猶如寺門前的兩座石獅，威武莊嚴，大有蔑視邪惡和隨時應戰的氣概。少林炮拳中的這一動作意義重大，可為是否少林真諦的佐證。

4. 動作技法明確

少林炮拳的每招每式清晰明確，在手、眼、身、法、步、精、神、氣、力、功變化無窮的協調配合中，各種擊法都有明確的攻防含義。

如「小提鞋側鏟」、「一打錘」等動作，目標準確，路線清晰，「迎其風聲而擊之，乘其空隙而取之」，「拳打人不知，拳打人不防」，不露其形，使對方難以捉摸。

少林炮拳，總的來說有「三勁」、「十二法」。「三勁」，即滾勁、脆勁、爆發勁；「十二法」，即摟、打、劈、封、彈、踢、掃、掛、倚、碰、擠、靠，包括了手、腕、肩、腿、腳、胯、膝等部位的用法。

拳歌云：「秀如貓形鬥如虎，動如閃電行如龍。勁發丹田力推山，聲發如雷魂魄驚。手眼身步用身逐，起落進退一氣摧。拳不華麗能實用，一氣呵成顯神威。」

在少林炮拳的使用方法上，要求內靜外猛，即「靜若處女，動如猛虎」。其善於運用戰略取勝，如指東打西、瞄上擊下、虛實互用，佯攻而實退，佯退而實進，剛柔並濟，通常用「不招不架，只是一下。犯了招架，就是幾十下」的招數，說明連續快攻的作用。

(三) 基本技法

1. 手型、手法

(1) 手型

少林炮拳的基本手型大體可分為拳、掌、鉤三種。

拳——

四指併攏，向拳心內屈握緊，拇指緊壓在食指和中指的第二指節上。拳位的變動大體有俯拳（拳心朝下）、仰拳（拳心朝上）、下沖拳（拳面朝下）、反臂仰拳（拳心朝上，拳背朝下）等。

掌——

四指伸直併攏，拇指彎曲，緊靠於食指根。掌位變動包括俯掌（掌心朝下）、仰掌（掌心朝上）、直掌（掌的拇指一側朝上）、反直掌（掌的拇指一側朝下）、架掌（掌心朝上，架在頭上）等。

鉤——

即五指尖捏合在一起，屈腕。鉤位的變動包括正鉤（鉤尖朝下）、反鉤（鉤尖朝上）。

(2) 手　法

炮拳的基本手法有沖拳、貫拳、栽拳、推掌、劈掌等。

沖拳——

包括前沖拳、上沖拳、側沖拳。以前沖拳為例：拳從腰間向前沖，在前臂配合下向內旋轉並快速伸直，力達拳面。要求擰腰順肩，急旋轉。

貫拳——

以反拳前貫為例：拳經體側向前打擊，並以拳面為力點，拳眼朝下，弧形向前平掃橫擺。要求上臂與小臂的角度大於 90 度，出拳要有分寸。

栽拳——

以下栽拳為例：先屈肘，以拳面為力點，向下方猛力直伸。動作要求是垂直旋轉下栽。

推掌——

以前推掌為例：先屈肘，以小指一側為力點，屈腕成側立掌向前推。要求出掌快、猛。

劈掌——

以前劈掌為例：上臂抬起，疊肘（或直臂），以小指一側為力點，直腕從上向下劈。要求力點準確，動作迅速。

2.步型、步法

（1）步　型

炮拳中的主要步型有馬步、弓步、丁步等。

馬步——

兩腳左右開立，兩腳間距離約兩腳半寬，腳尖斜對前方，成八字腳型；然後屈膝半蹲，上身挺直，收髖、斂臀。要求挺胸、塌腰、展髖、裹膝，眼向前平視。

弓步——

兩腳前後分開，前腿屈膝前弓，後腿伸直，兩腳腳跟不離地，重心主要在前腿上。要求抬頭、挺胸、塌腰。

丁步——

兩腳併步站立，兩腿屈膝半蹲，一腳全掌落地，另一腳在內側中間處以腳尖點地。要求上體下沉，並保持正直。

(2) 步　法

炮拳的步法主要有上步、插步、墊步、跳步等。

上步——

兩腳錯步站立，前腳不動，後腳越過前腳邁一步。

插步——

兩腳開步站立，一腳不動，另一腳從後面越過不動之腳向外側落步。

墊步——

兩腳錯步站立，後腳離地提起，用腳掌向前落步；前腳隨即蹬地（稍帶有彈跳），將步位給後腳，向前提起，然後落步。

（四）動作圖解

1. 圖解說明

（1）為了表達清楚，用文字、插圖對動作進行分解說明。但在練拳時，應力求銜接連貫、緊湊。

（2）在文字說明中，除特殊註明外，不論先寫或後寫身體某一部位的動作，演練時各運動部位要同時協調活動，不要先後割裂。

（3）圖中的動態線，只表明從這一動作到下一個動作的路線和部位。左手、左腳為虛線（-----►），右手、右腳為實線（——►）。個別動作的線條因受角度、方向限制，可能不夠詳盡，應以文字說明為準。

（4）某些背向動作和側向動作沒有附圖，以文字說明為主。

2. 動作名稱

第一段

（1）起　勢

（2）虎抱頭（左摟手起把）

（3）一打錘（右弓步砸拳）

（4）掏心錘（左弓步勾拳）

（5）雙拐肘（擰身雙擺拳）

（6）雲頂七星（右轉身左丁步撐擊）
（7）坐山單鞭（馬步雙沖拳）
（8）束身勢（左丁步架栽拳）
（9）左劈腿（上右步踢左腿）
（10）右斜型（左弓步雙沖拳）
（11）右劈腿（上左步踢右腿）
（12）左斜型（右弓步雙沖拳）
（13）右仆面掌（拍左腳）
（14）左仆面掌（拍右腳）
（15）飛腳（騰空二起腳）
（16）古樹盤根（歇步切掌）
（17）掏心錘（左弓步勾拳）
（18）雙拐肘（擰身雙擺拳）
（19）雲頂七星（左轉身右丁步撐擊）
（20）坐山單鞭（馬步雙沖拳）
（21）束身勢（右丁步架栽拳）

第二段

（22）抖塵勢（擄手側挎拳）
（23）小提鞋側鏟（左提膝鏟腿）
（24）沖心肘（左弓步頂肘）
（25）雙撅拳（轉身壓肘跟步撅拳）
（26）雙沖拳（半弓步沖拳）
（27）雙峰貫耳（併步雙貫拳）
（28）單峰貫耳（左弓步單貫拳）

(29) 右臥枕(右弓步壓拳)
(30) 左臥枕(左弓步壓拳)
(31) 仆步摟手(跳起轉身仆步摟手)
(32) 沖心肘(右弓步頂肘)
(33) 海底炮(蹲步挎砸拳)
(34) 轉身推山(左弓步推掌)
(35) 叉步單鞭(叉步雙沖拳)
(36) 弓步推山(左弓步推掌)
(37) 雙峰貫耳(轉身併步雙貫拳)
(38) 跳步單叉(轉身跳起仆步切掌)
(39) 沖天炮(提膝上沖拳)
(40) 束身砍掌(左丁步劈掌)
(41) 金雞獨立(提膝上勾手)
(42) 舞花坐山(馬步架栽拳)
(43) 收勢

3. 動作說明

第一段

(1) 起 勢

① 立正姿勢。(圖 1-1①)

② 兩手交叉於腹前,右前左後,掌心向內;同時左腳向左側邁半步。(圖 1-1②)

③ 兩臂外旋屈肘變拳收至腰間,拳心向上(稱「抱肘」);同時頭左轉,目視左方。(圖 1-1③)

圖 1-1①

圖 1-1②

圖 1-1③

圖 1-2①

圖 1-2②

【要領】挺胸、收腹、塌腰，腳尖稍內扣，兩腳跟向外側蹬。

（2）虎抱頭

① 左腿向左側邁出成左弓步，上體左轉 90 度；左拳變掌向左摟手再變拳至腰間成換肘；目視前方。（1-2①）

② 右拳由下經胸前向頭上挑起、拳心向前；左拳抬至胸前，拳心向下；同時右腿抬起屈膝扣擋，腳背繃直，腳尖向左下方；左腿伸直站立，目視前方。（1-2②）

圖 1–3　　圖 1–4

（3）一打錘

右拳向前下方砸拳，拳心向內，左拳收至腰間成抱肘；同時右腳向前落步成右弓步，右拳在右膝前上方；目視右拳。（1–3）

（4）掏心錘

上體左轉 180 度，左腳稍抬起落步成左弓步；同時右拳由下向前上方勾拳與肩平，拳心向內；左拳變掌扶於右肘窩處，目視前方。（圖 1–4）

圖 1-5①

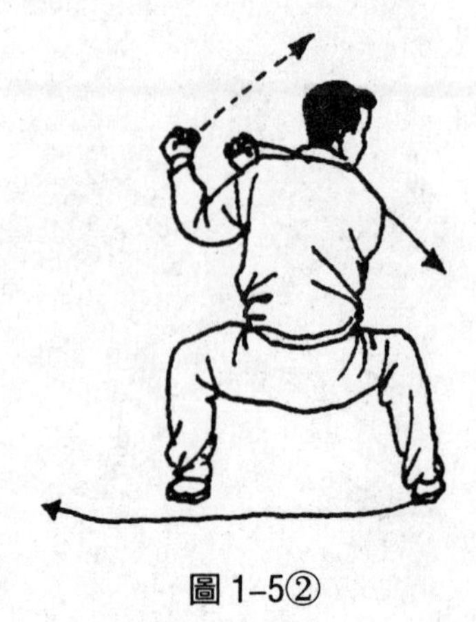
圖 1-5②

（5）雙拐肘

① 身體向右後轉 270 度擰身，左腿後撤，兩腿屈膝成歇步；同時兩拳向右下擺，右臂伸直，拳心向下；左臂屈肘，左拳在右上臂處，拳心向下；目視右拳。（圖 1-5①）

② 上體左轉，左腿向左側邁出成四平馬步；同時兩拳自右向左雙擺至左肩前上方，拳心向後；目視右方。（圖 1-5②）

（6）雲頂七星

① 轉身撤右步，左掌從左向右擺至頭上；右拳變掌伸直至腹前，掌心向下。（圖 1-6①）

圖 1-6①　　圖 1-6②

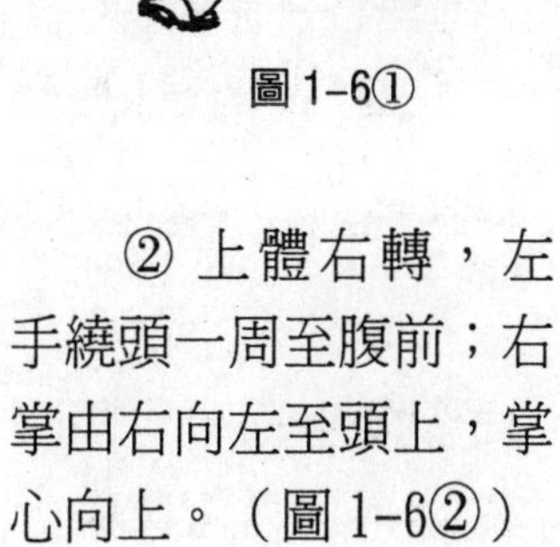

② 上體右轉，左手繞頭一周至腹前；右掌由右向左至頭上，掌心向上。（圖 1-6②）

③ 上動不停，兩掌變拳向下抓握於胸前；同時左腿收攏屈膝下蹲成左丁步，兩拳向前撐擊，右前左後，拳心均向下；目視前方。（圖 1-6③）

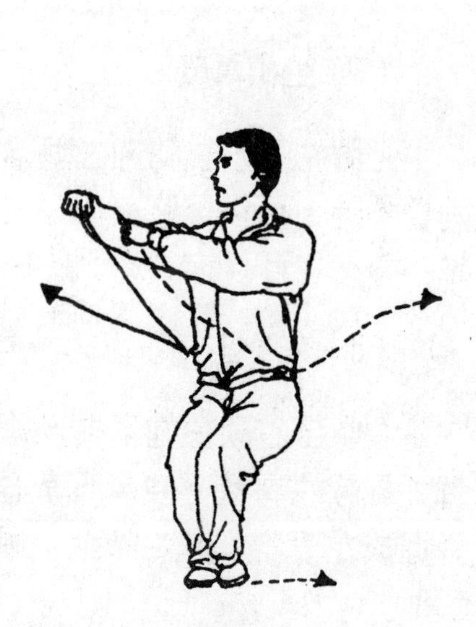

圖 1-6③

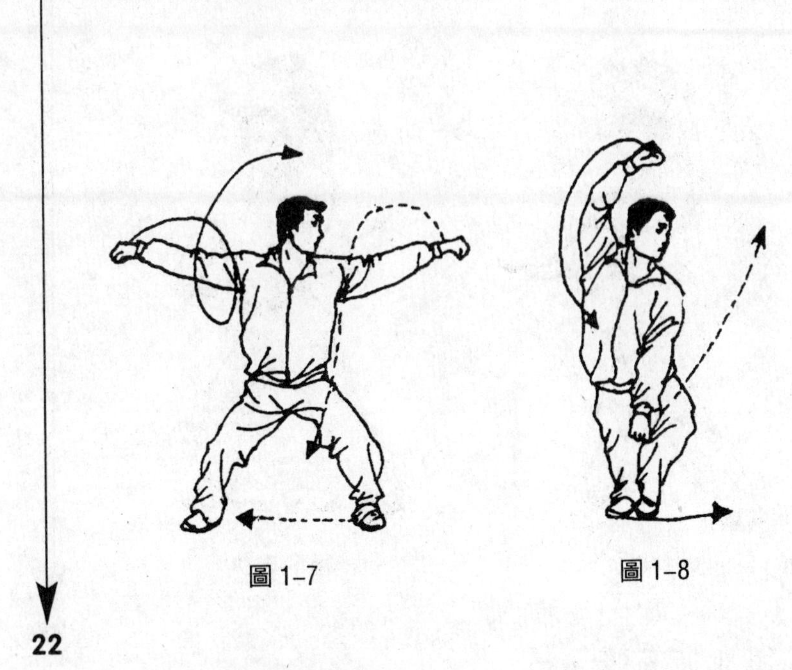

圖 1–7　　圖 1–8

（7）坐山單鞭

上體左轉，左腿向左側邁一步成四平馬步；同時兩臂外旋，兩拳經胸前向左右滾出沖拳，力達拳輪，拳心向下；目視前方。（圖1–7）

（8）束身勢

右拳自右向左向下擺至頭上架拳，拳心向外；左臂外旋經左肩處下栽拳，拳心向後；同時左腿向右腿併攏成左丁步，腳尖點地；頭左轉，目視前方。（圖1–8）

圖 1-9①

圖 1-9②

（9）左劈腿

① 身體左轉 90 度，右拳收至腰間成抱肘；左拳由下向前擺至與鼻尖高，拳心向內；同時右腳向前邁出一步。（圖 1-9①）

① 上動不停，左腿向上勾踢；同時左拳向下砸拳，拳心向上；目視前方。（圖 1-9②）

圖 1-10①　　圖 1-10②

（10）右斜型

① 左腿落地成半馬步；兩臂屈肘抱於胸前，拳心向內；目視雙拳。（圖 1-10①）

② 隨之兩臂內旋，右拳向前擊，左拳向後擊；同時右腳用力蹬地成左弓步，上體左轉，擰腰合胯；目視前方。（圖 1-10②）

（11）右劈腿

① 左腳向前邁出一小步，右腳隨之跟步；左拳抱肘，右拳稍上舉至面前；目視右拳。（圖 1-11①）

② 右腿向上勾踢；同時右拳向下砸拳，拳心向上；目視前方。（圖 1-11②）

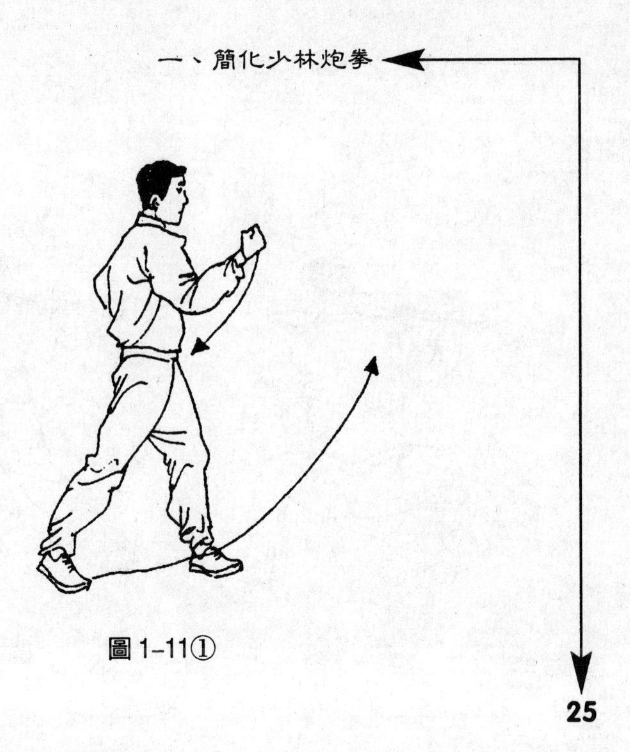

圖 1-11①

圖 1-11②

圖 1-12①　　圖 1-12②

（12）左斜型

① 右腳落地成馬步，兩臂屈肘，兩拳抱於胸前，拳心向內，目視雙拳。（圖 1-12①）

② 左腿用力後蹬，上體右轉，擰腰合胯成右弓步；同時兩臂內旋，左拳前擊，右拳後擊，力達拳輪，拳心均向下；目視前方。（圖 1-12②）

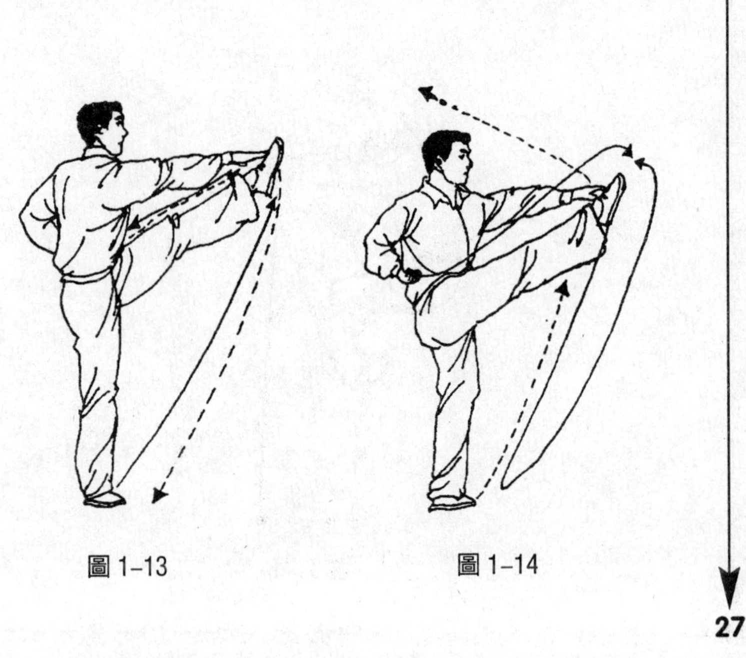

圖 1-13　　圖 1-14

（13）右仆面掌

左拳抱肘，右拳變掌由後經腰間向前滾出，掌心向下；同時左腿向前上方直擺，腳面繃平，右掌拍擊左腳面；目視前方。（圖 1-13）

（14）左仆面掌

上動不停，右掌變拳成抱肘，左腳落於右腳前，隨之左拳變掌向前滾出掌心向下；同時右腿向前上方直擺，腳面繃平，左掌拍擊右腳面；目視前方。（圖 1-14）

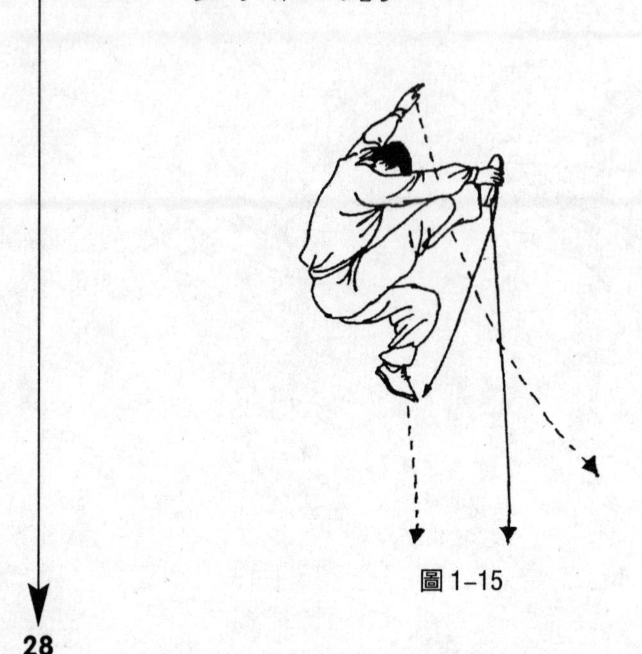

圖 1-15

(15) 飛　腳

上動不停，右腳落於左腳前，右拳變掌向前滾出，掌心向下；同時右腿蹬地起跳，左腿屈膝提起；隨之右腿向前上方直擺，腳面繃平，右掌拍擊右腳面，左掌向左側上方變勾手；目視前方。（圖 1-15）

圖 1-16　　圖 1-17

（16）古樹盤根

兩腳右前左後落地屈膝成歇步；同時右掌變拳成抱肘，左勾手變掌自胸前向斜下方切擊。（圖 1-16）

（17）掏心錘

左腿向前邁出成馬步，同時右拳由下向前上勾拳，拳面與肩平，拳心向內；左掌扶於右臂肘窩處，目視右拳。（圖 1-17）

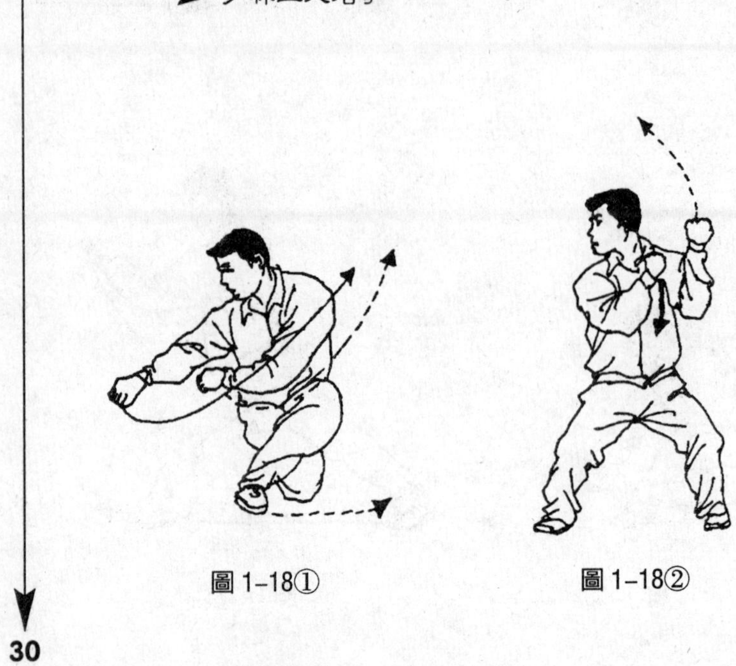

圖 1-18①　　圖 1-18②

（18）雙拐肘

① 上體右轉擰身，右腿向左插步屈膝成歇步；同時右拳向右下擺，左掌變拳隨右拳擺至胸前；目視右拳。（圖 1-18①）

② 上體左轉，左腿向右邁出成四平馬步；同時雙拳自右向左擺至左肩處，右拳位於左拳手腕處，拳心均向後；目視右方。（圖 1-18②）

圖 1-19①

（19）雲頂七星

① 上體直立，左拳變掌向前上方擺至頭上，掌心向上；右手變掌向下擺至腹前，掌心向下。（圖 1-19①）

② 右轉身撤右步，左掌由上擺至腹前，右掌向右上擺至頭上方。（圖 1-19②）

③ 轉身上左步，兩掌變拳抓握於胸前；同時右腿收攏屈膝下蹲成右丁步，兩拳向前撐擊，左前右後，拳心均向下；目視前方。（圖 1-19③）

圖 1-19②

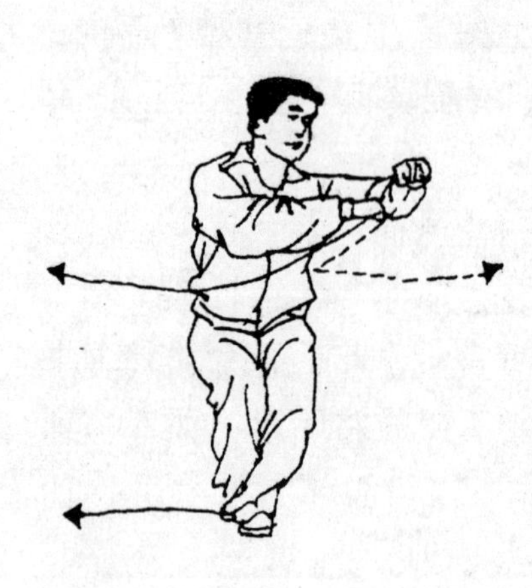

圖 1-19③

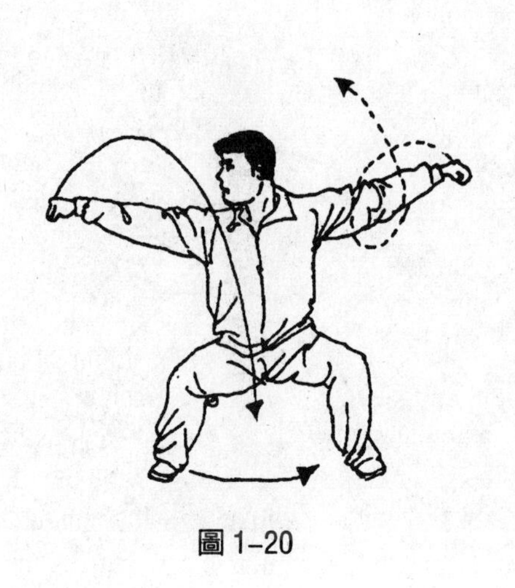
圖 1-20

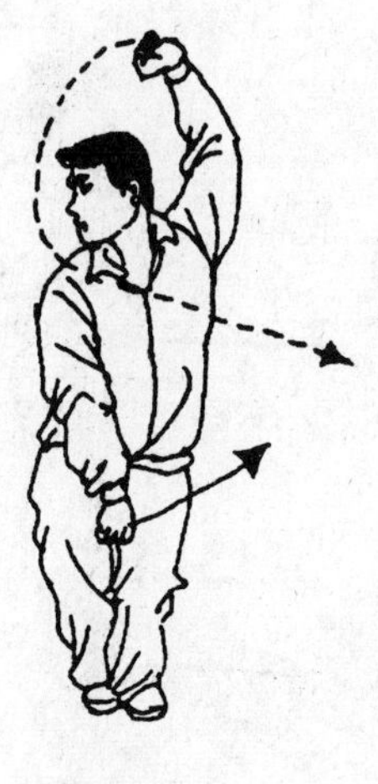
圖 1-21

（20）坐山單鞭

身體右轉，右腿向右邁出成四平馬步；同時兩臂外旋，兩拳經胸前向左右滾出沖拳，力達拳輪，拳心向下；目視前方。（圖 1-20）

（21）束身勢

左拳自左經上向右下再擺至頭上架拳，拳心向外；右臂外旋經右肩處下栽拳，拳心向後；同時右腿向左腿併攏成右丁步，腳尖點地；頭右轉，目視前方。（圖 1-21）

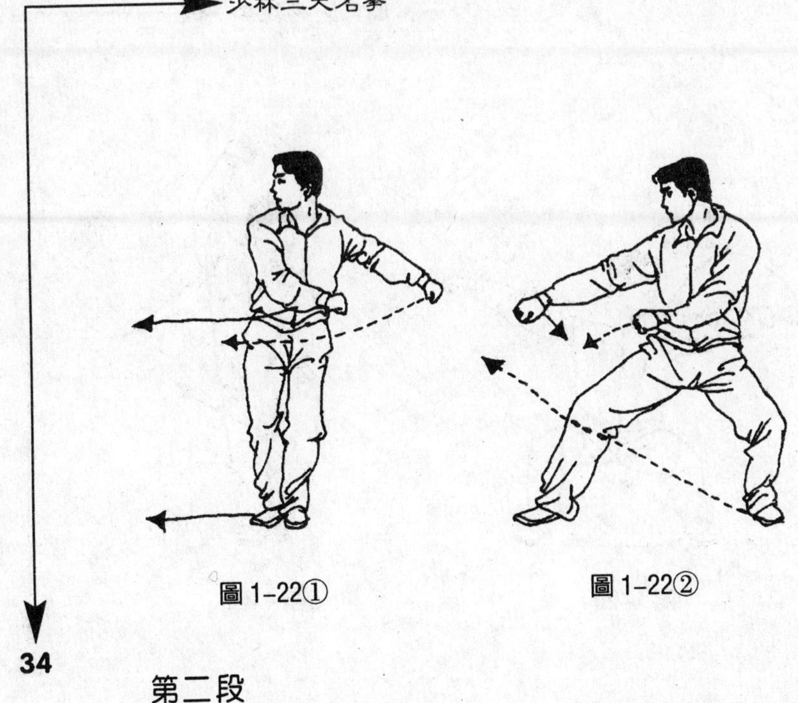

圖 1-22①　　圖 1-22②

第二段

（22）抖塵勢

① 兩臂直擺由右向左，拳心向下；目視前方。（圖 1-22①）

② 右腿向右跨出成半馬步，左腳隨之滑動；同時兩拳自左經腹前向右挎拳，兩拳崩拳，力達右拳輪，拳心均向後；目視前方。（圖 1-22②）

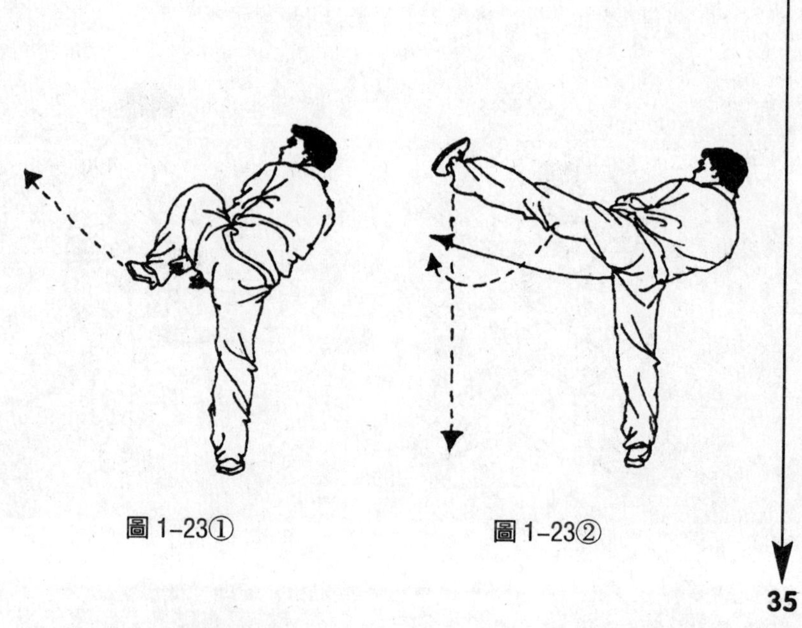

圖 1-23①　　圖 1-23②

（23）小提鞋側鏟

① 身體右轉 180 度，並向右傾斜，隨之左腿向前提膝，左腳向右纏腿；同時兩拳變掌交叉於小腹前，左掌心向下；目視前方。（圖 1-23①）

② 上動不停，左腿向左側鏟，力達腳外側；同時兩掌變拳於腹前，拳心向下；目視前方。（圖 1-23②）

圖 1-24

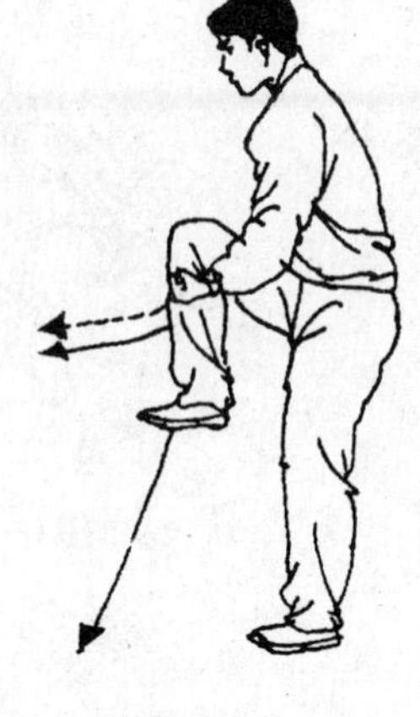
圖 1-25

（24）沖心肘

身體左轉 90 度，左腿向前落地成左弓步；同時右臂屈肘向前頂肘，左拳變掌拍擊右小臂外側，右拳心向下；目視前方。（圖 1-24）

（25）雙撅拳

上體不動，左腿直立，右腿提膝；兩臂外旋屈肘變拳下壓至右膝兩旁，上體微前傾；目視兩拳。（圖 1-25）

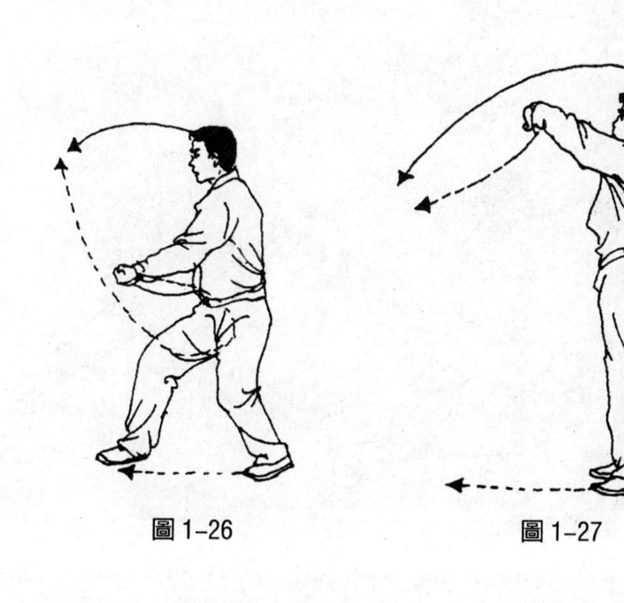

圖 1-26　　圖 1-27

(26) 雙沖拳

上體不動，右腿向前落成半弓步；同時兩臂自內向外分拳收至腰間，兩拳自下向前擊出，拳心向上；目視雙拳。（圖 1-26）

(27) 雙峰貫耳

上體不動，左腿向右腿併攏成半蹲，兩拳下壓至大腿兩側；然後直膝，同時兩拳由兩側向前上方貫出與耳同高；目視雙拳。（圖 1-27）

圖 1-28　　圖 1-29

（28）單峰貫耳

上體不動，左腳向前邁出成左弓步；同時左拳變掌外旋掌心向內，右拳由後向左掌心貫拳；目視右拳。（圖 1-28）

（29）右臥枕

上體向左轉 90 度，右腿向前邁出成右弓步；雙拳在胸前交叉，右外左內；然後右拳外旋向右橫擊，拳心向後，左拳向下直插襠部，拳心向後；目視左前方。（圖 1-29）

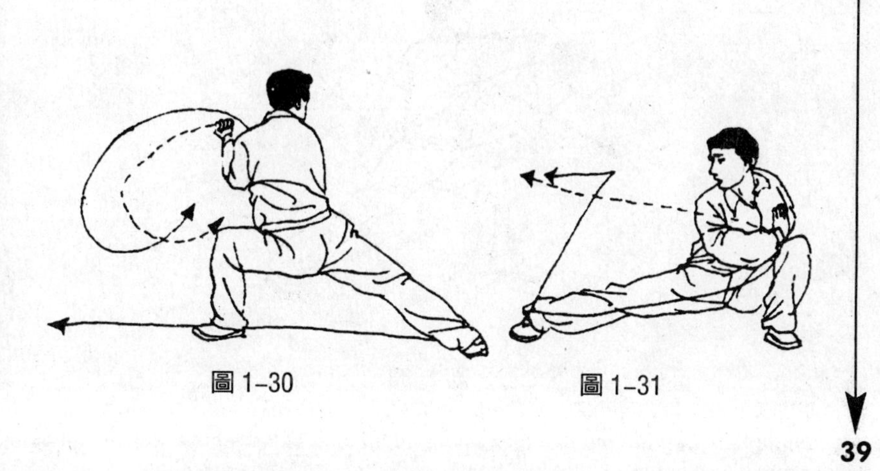

圖 1-30　　圖 1-31

（30）左臥枕

右轉體 180 度，左腿向前邁出成左弓步，雙拳胸前交叉，右內左外；然後左拳外旋向左橫擊，拳心向後，右拳內旋直插襠部，拳心向後；目視右方。（圖 1-30）

（31）仆步摟手

上體左轉，雙腳同時起跳左轉 180 度成右仆步；雙手隨轉身平掃後，左手變拳收至腰間，右拳變掌立於胸前；抬頭伏身，目視前方。（圖 1-31）

圖 1-32

（32）沖心肘

上動不停，右臂前伸向後摟手，重心前移成右弓步；同時左拳自腰間屈肘橫向擊出，力達肘背，右手自外向內扶手於左肘背；目視前方。（圖 1-32）

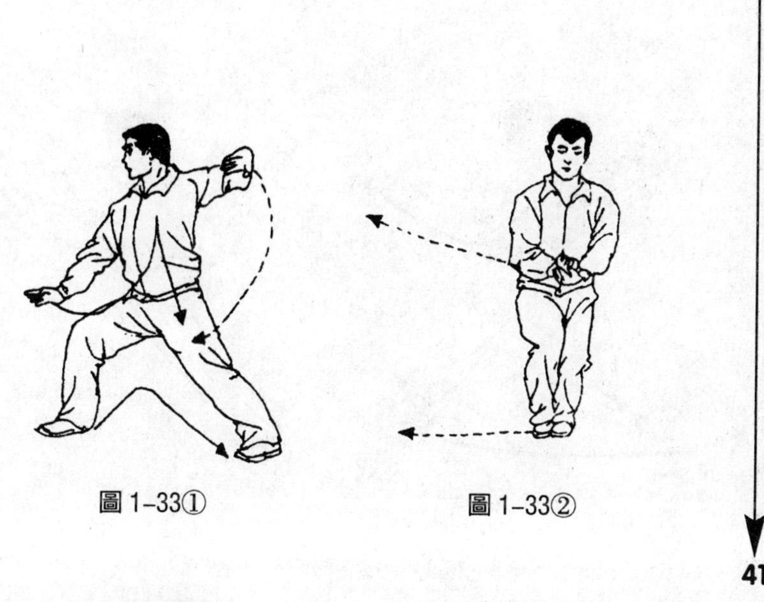

圖 1-33①　　圖 1-33②

（33）海底炮

① 身體左轉 90 度，左拳變掌自右經腹前向左擺動與肩高，右掌自後向左下撈起；目視右掌。（圖 1-33①）

② 上動不停，重心移至左腿，右腿收攏併步半蹲；同時左掌收至腰間，掌心向上；右掌變拳向上擺起至臉前，然後以拳背砸擊左手掌心，同時震右腳並借勢大喝一聲；目視右掌。（圖 1—33②）

圖 1-34　　圖 1-35

（34）轉身推山

身體右轉 180 度，左腳向右落成左弓步；同時左拳經腰間變掌滾出向前推擊，掌心向前，掌指齊眉間；右拳收至腰間，目視右掌。（圖 1-34）

（35）叉步單鞭

上左步，兩拳同時收至胸前，右腿向後叉步，身體右轉 180 度；雙拳同時自腰間向兩側擊出；目視右前方。（圖 1-35）

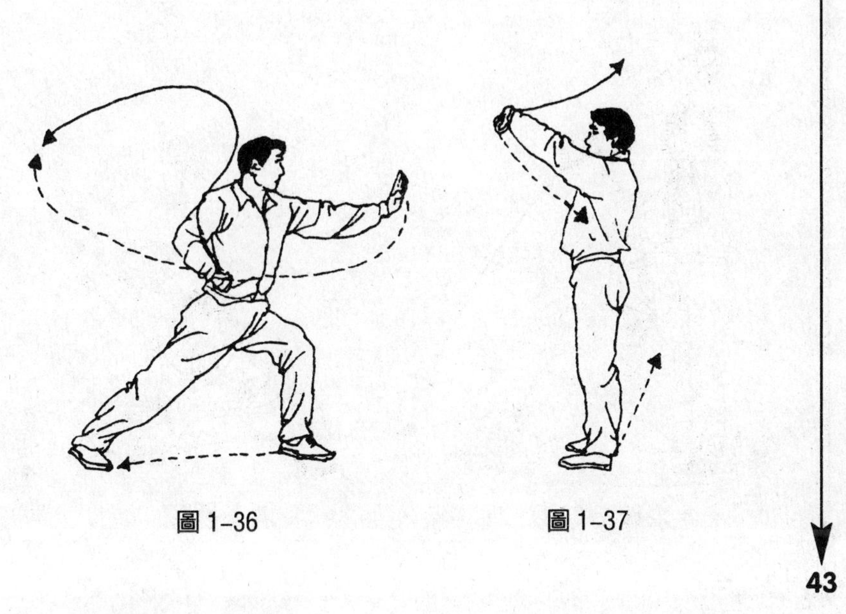

圖 1-36　　圖 1-37

（36）弓步推山

左腿向前邁一小步成弓步；同時右拳收至腰間，左拳經腰間變掌滾出向前推擊，掌心向前，掌指齊眉間；目視左掌。（圖 1-36）

（37）雙峰貫耳

身體右轉 180 度，上左步收攏成併步直立；同時兩拳經上體兩側向前上方對拳與眼平，拳眼向下；目視雙拳。（圖 1-37）

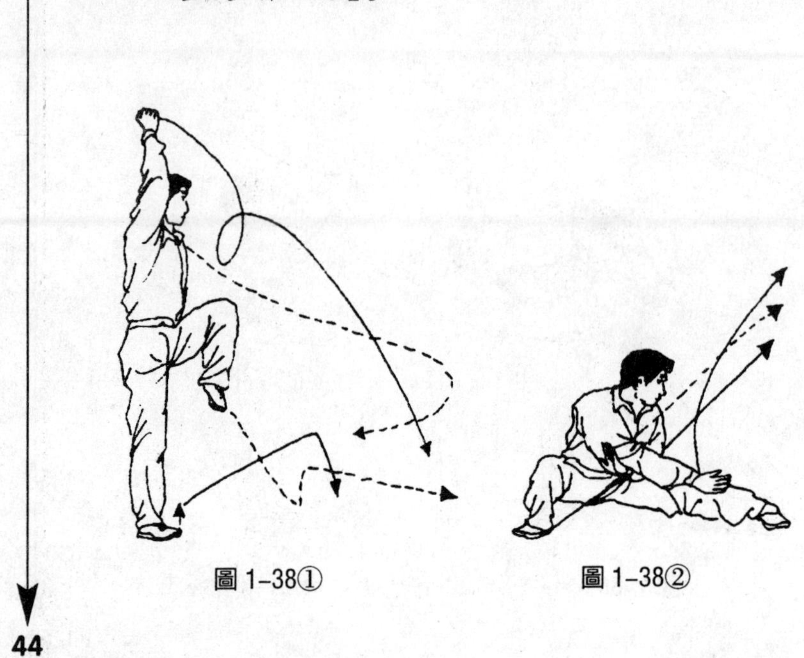

圖 1-38①　　圖 1-38②

（38）跳步單叉

① 身體左轉 180 度，左腿提膝外展；同時右拳向上輪臂至頭上方，左拳向左擺拳，拳心向下；目視前方。（圖 1-38①）

② 上動不停，左腳落地後蹬地起跳，身體右轉 90 度，兩腳落地成左仆步；同時右拳變掌自右經頭上方向下切掌，掌指向前，掌心向左；左掌自右經頭上插入右腋下，掌心向下；目視右掌指。（圖 1-38②）

圖 1-39

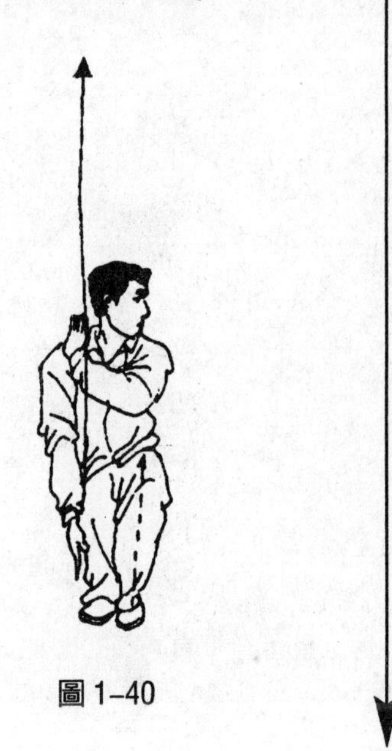
圖 1-40

（39）沖天炮

右腿蹬地，身體直立重心移至左腿，右腿提膝腳尖朝下；同時右掌變拳屈肘上沖，拳面與鼻尖平，拳心朝內；左拳置於右肘下，拳心向下；目視前方。（圖 1-39）

（40）束身砍掌

右腿向右後方落地，身體右轉 90 度，左腿收攏成左丁步；同時右拳變掌自左上向右下劈掌，力達小指外側，掌心朝內；左拳變掌立於右肩處，目視左前方。（圖 1-40）

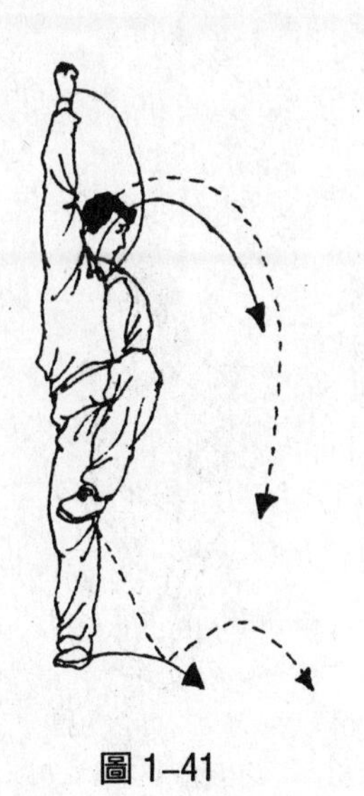
圖 1-41

圖 1-42

（41）金雞獨立

右腿蹬地身體直起，左腿提膝，腳尖朝下；同時左掌變勾手自右經左下勾出，勾尖朝上；右掌變勾手，右臂先屈肘於胸前，然後向上伸出，勾尖朝上；目視左前方。（圖 1-41）

（42）舞花坐山

左腿向前落步，右腿向前震腳，左腿提起再向左落成四平馬步；同時右拳自右經臉前向左、向下畫圓上架至頭上，拳心向外；左拳內翻自左向右經腹前向下栽拳至右膝上；目隨右拳轉動後目視左前方，動作完成時大喝一聲。（圖 1-42）

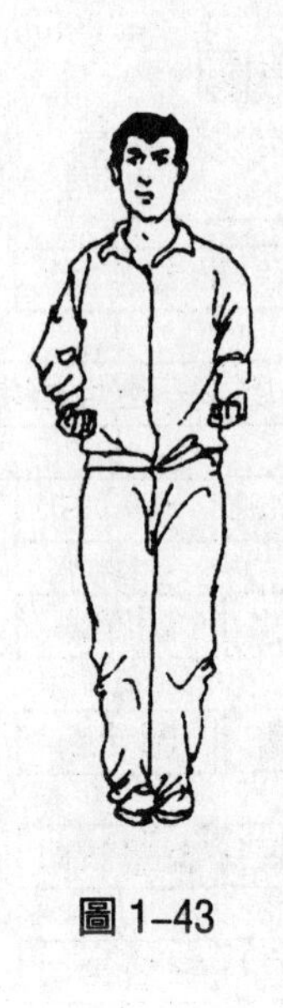

圖 1-43

（43）收　勢

左腳蹬地，向右收攏成併步直立；同時右拳落下，左拳提起成抱肘；目視前方。（圖 1-43）

4. 動作路線示意圖

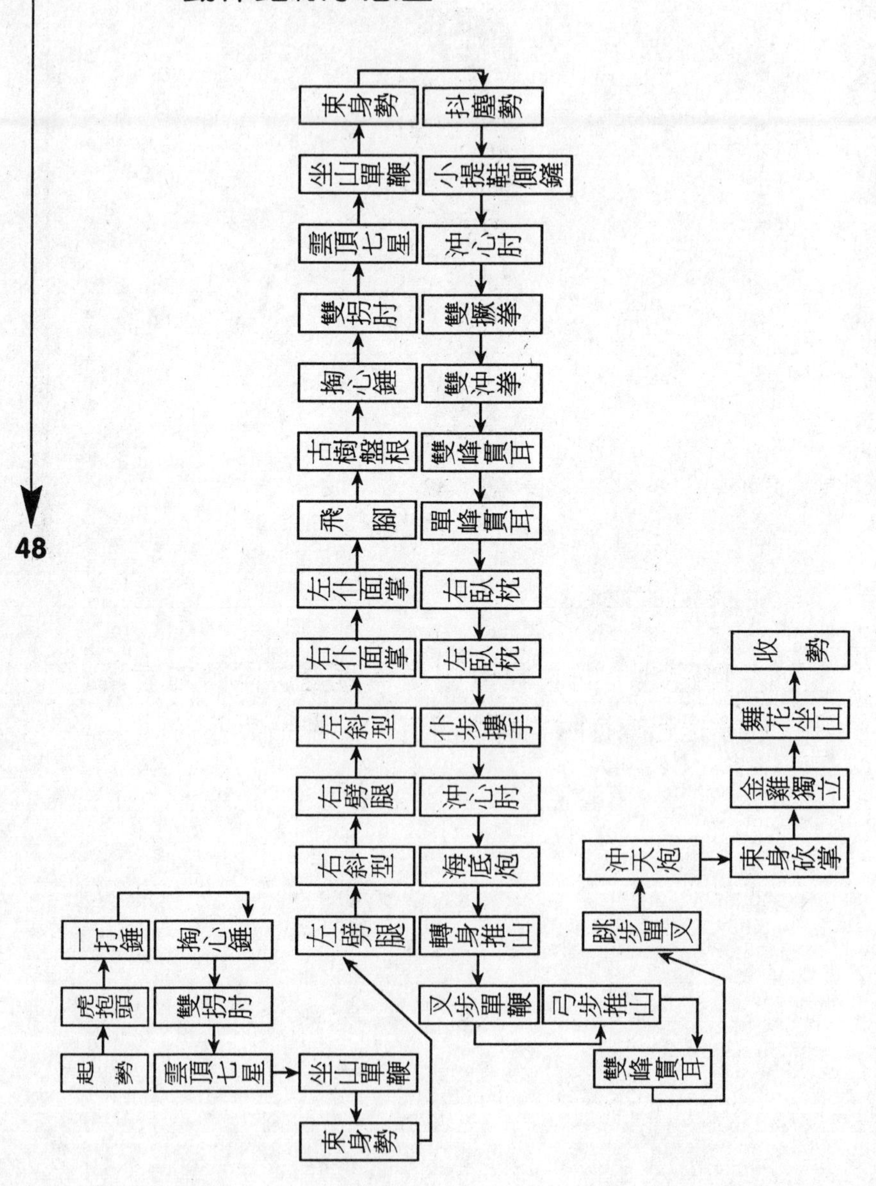
起勢
虎抱頭
一打錘
掏心錘
雙拐肘
雲頂七星
坐山單鞭
束身勢
左劈腿
右斜型
右劈腿
左斜型
右仆面掌
左仆面掌
飛　腳
古樹盤根
掏心錘
雙拐肘
雲頂七星
坐山單鞭
束身勢
抖塵勢
小提鞋側鐘
沖心肘
雙撅拳
雙沖拳
雙峰貫耳
單峰貫耳
右臥枕
左臥枕
仆步摟手
沖心肘
海底炮
轉身推山
叉步單鞭
弓步推山
雙峰貫耳
跳步單叉
沖天炮
束身砍掌
金雞獨立
舞花坐山
收　勢

二、少林大洪拳

(一) 簡　介

少林大洪拳是少林派拳術之一，在當地流傳多套。其特點是：剛健有力，樸實無華；節奏嚴謹，舒展大方；自始至終行在一條線，突出少林拳的全部特點。演練套路時，「眼似閃電，目隨手走，注目斜觀」；出拳兩臂曲而不曲，直而不直，滾出滾入，運用自如；身以滾而起，起時望高，束身而起。落時望低，展身而落；步法穩固而靈活，足的進退緊隨手，足隨手起，手起足落。

有的大洪拳套路架勢較低，發勁短促，以掌法變化為主，多用暗勁，對於初學者或造詣淺者來講不易掌握。因此從普及和發展出發，我們在多套大洪拳中選擇了一、二、三路，歸納創編了這套新的少林大洪拳。它除具備少林拳共同特點外，其拳架適中、動作舒展、姿勢規範，適宜廣大武術愛好者習練。

(二) 動作圖解

1. 動作名稱

(1) 預備勢
(2) 白雲蓋頂
(3) 雙雲頂
(4) 雙震腳
(5) 七星架
(6) 單鞭勢
(7) 仆步切掌
(8) 二起腳三搶手
(9) 弓步頂肘
(10) 翻身壓掌
(11) 迎面撒
(12) 懷中抱月
(13) 弓步推掌
(14) 臥枕勢
(15) 前掃腿
(16) 金剛搗臼
(17) 提手炮
(18) 古樹盤根
(19) 三出手
(20) 海底炮
(21) 沖天炮

（22）束身勢
（23）雙格錘
（24）雙撅手
（25）外擺腿
（26）打虎勢
（27）盤　肘
（28）三搶手
（29）箭彈搶手
（30）回頭望月
（31）三扒手
（32）雙震腳
（33）虎抱頭
（34）弓步擺拳
（35）十字拍腳
（36）二起腳
（37）坐山勢
（38）收　勢

2. 動作說明

（1）預備勢

① 併步站立，成立正姿勢，兩臂自然下垂於體側；眼平視前方。（圖 2-1①）

② 兩掌變拳抱於腰間，眼平視前方。（圖 2-1②）

【要點】身體要正，下頦微收，挺胸塌腰，兩肘貼緊身體。

圖 2-1①

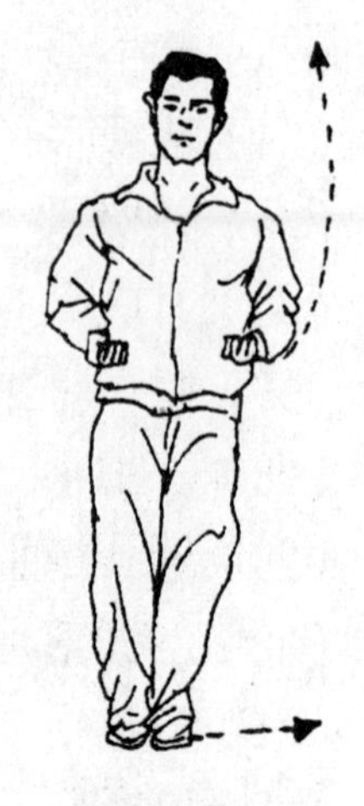
圖 2-1②

（2）白雲蓋頂

左腳向左開步，身體左轉成左弓步；同時左拳由腰間變掌架於頭前上方，掌心斜向上；眼平視右前方。（圖 2-2）

【要點】擰腰左轉，左臂微屈。

（3）雙雲頂

身體右轉 90 度，左腳尖內扣，右腳尖外展，兩腿彎曲；同時左掌隨身體向右、向後、向左，經頭頂向前至右胸前，掌心向上；右拳變掌隨左掌經胸前向右、向後、向左，經頭頂向前至頭部右上方，掌心向下；目視右前方。（圖 2-3）

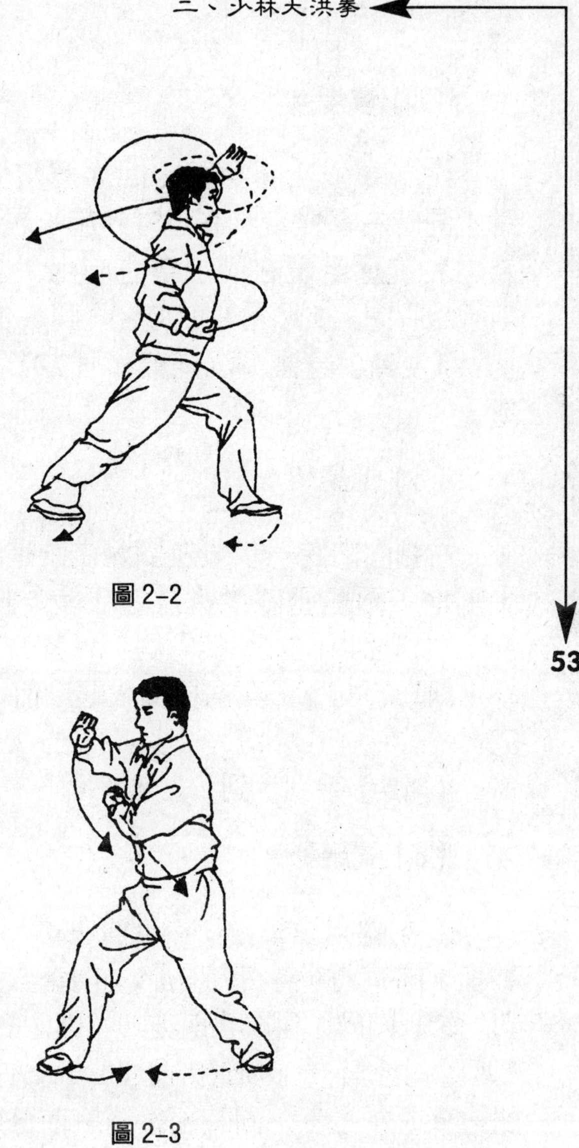

圖 2–2

圖 2–3

【要點】兩掌在「雲頂」時掌心相對，以腰為主動軸，眼要隨手。

（4）雙震腳

左右腳依次向身體中間靠攏震腳，兩膝微屈下蹲；同時右掌變拳，右小臂外旋、屈肘，以小臂外側為力點旋壓至體右側，拳心向上；左掌變拳收至腹前，拳心向上；眼看右前方。（圖 2-4）

【要點】身體下沉，震腳有力，要與抱拳同時完成。

（5）七星架

右腳向前跨一步，左腳隨之跟進在右腳內側，腳尖點地，兩腿屈膝半蹲成左丁步；同時兩小臂均內旋，左拳面頂住右拳腕內側，以腰發力，向右前方沖拳，兩拳心向下，與肩同高；眼向前方平視。（圖 2-5）

【要點】手到步到，力達拳面。

（6）單鞭勢

① 左腳向後撤一步，身體左轉，兩腿屈膝下蹲成馬步；同時兩小臂外旋屈肘，兩拳收到胸前，拳輪相對，拳心向內；目視正前方。（圖 2-6①）

② 上動不停，身體左轉 90 度，左腿屈膝前弓，右腿蹬直成左弓步；同時兩拳經胸前分別向前、後兩側內旋出拳，拳心朝下，左臂略高於右臂；目視左拳。（圖 2-6②）

【要點】分解動作①②要連貫順達，以腰發力，力

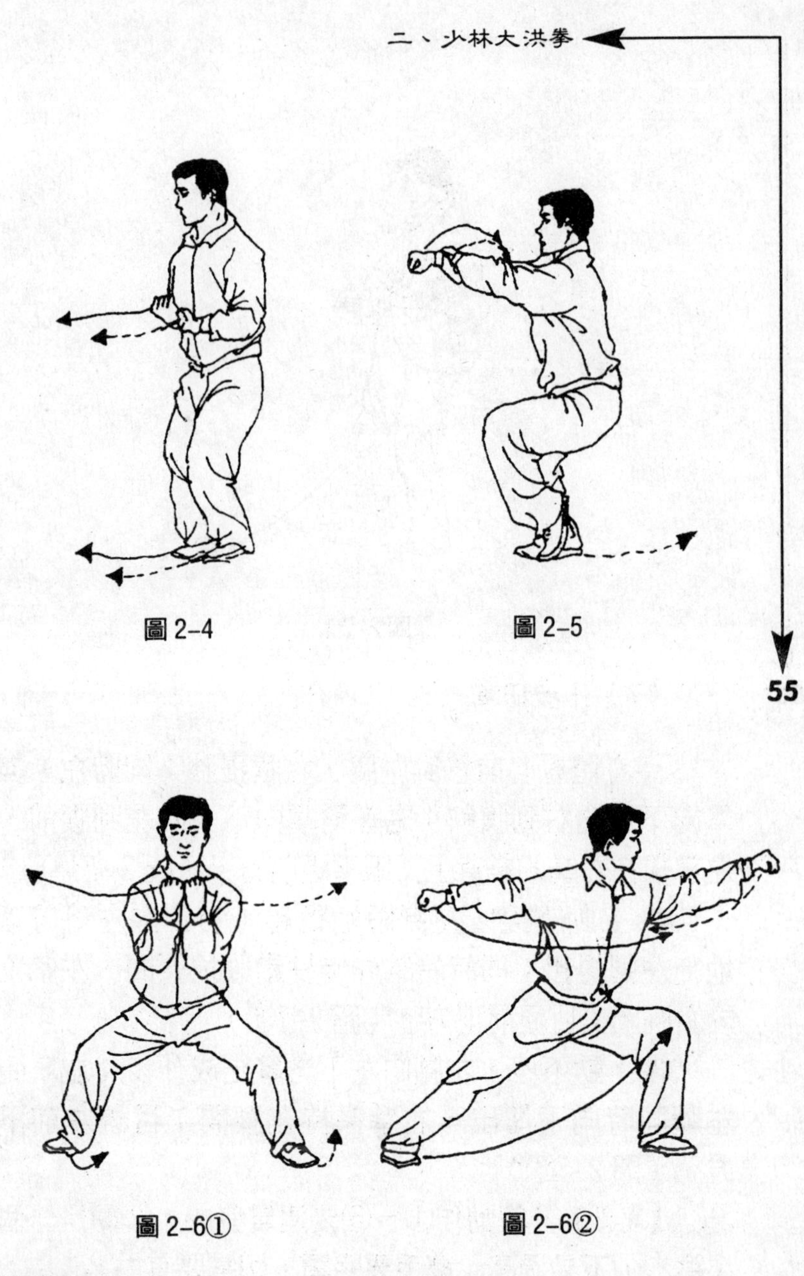

圖 2-4

圖 2-5

圖 2-6①

圖 2-6②

達拳面。

圖 2-7①

（7）仆步切掌

① 身體重心前移到左腿，右腿提膝；同時左拳變掌向下、向右到腹前；右拳變掌向下、向左到腹前，左掌擊在右掌的掌背上；眼平視前方。（圖 2-7①）

② 上動不停，左腳蹬地跳起，右腳向左下方落地，左腳提起；同時右掌外旋變拳收搶腰間，左掌置於右腕上；目視前下方。（圖 2-7②）

③ 上動不停，左腳向左下方鏟出成仆步；左掌隨左腳同時向下切出，右拳保持在腰間；目視左前下方。（圖 2-7③）

【要點】分解動作①～③要連貫完成。②動是一個小跳步，不易過高，纏手要明顯，切掌要有力。

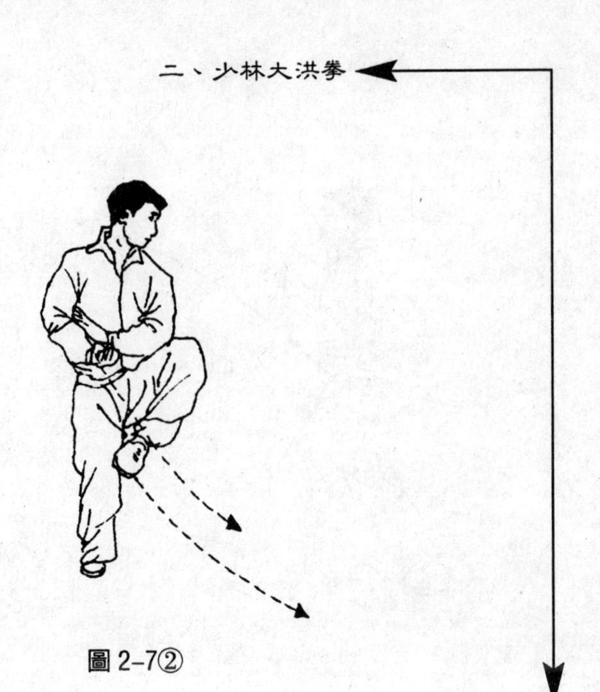

圖 2–7②

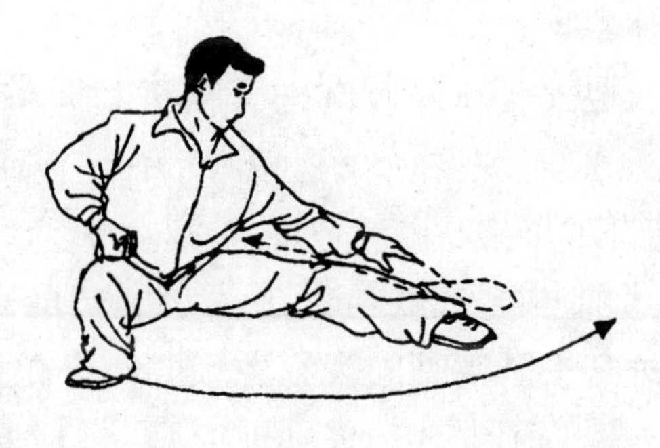

圖 2–7③

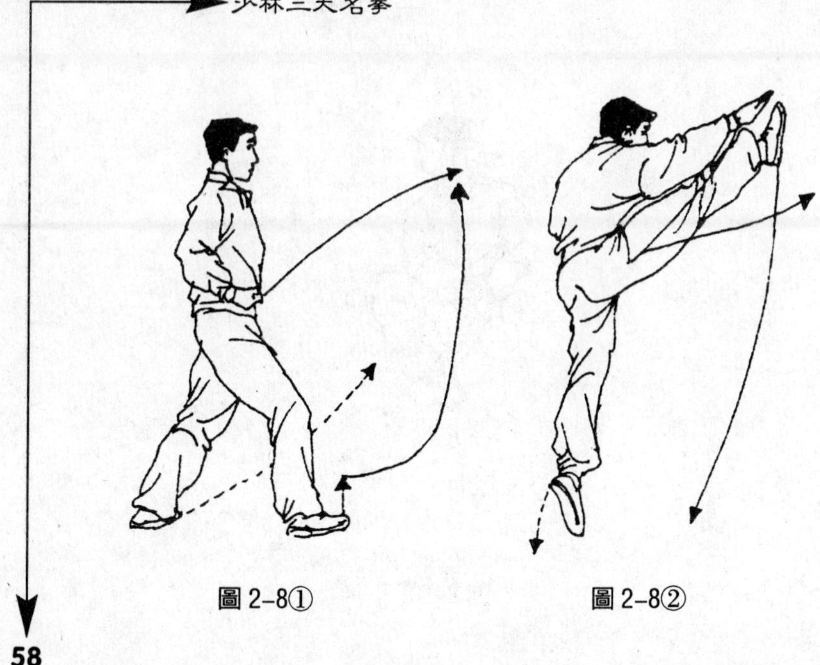

圖 2-8①　　圖 2-8②

（8）二起腳三搶手

① 身體上起，右腿向前上一步成右弓步；同時左掌向前、向左經左腳面向後收回於腰間抱拳；目視前方。（圖 2-8①）

② 上動不停，左腿向前上屈膝上擺，右腿蹬地跳起使身體騰空，右腿向前上方彈踢，右拳由腰間變掌向前擊拍右腳面；目視前方。（圖 2-8②）

③ 上動不停，隨身體下落右腿向前落地成右弓步；同時右手擊響腳面後收至腰間，再從腰間向前上方搶手，掌心向上，指尖向前與肩同高；眼看右手指尖。（圖 2-8③）

圖 2-8③　　圖 2-8④

④ 上動不停，右掌變拳收回腰間抱拳；同時左手從腰間由拳變掌向前上方搶出。要求同上。（圖 2-8④）

⑤ 上動不停，右掌變拳收回腰間，同時左手從腰間由拳變掌向前上方搶出。要求同上。（圖 2-8⑤）

圖 2-8⑤

【要點】分解動作①～⑤要連貫完成。搶手要擰腰，力達指尖。

圖 2-9①（前視面）

圖 2-9①（後視面）

（9）弓步頂肘

① 身體左轉成左弓步，右手變拳屈肘，拳心向下，收至胸前；左手變掌按在右拳之上；眼看左手。（圖 2-9①）

② 身體右轉成右弓步；同時以腰發力，右肘向前頂擊，肘與肩同高；眼看肘尖。（圖 2-9②）

圖 2-9②

【要點】

重心下沉，擰腰，力達肘尖。

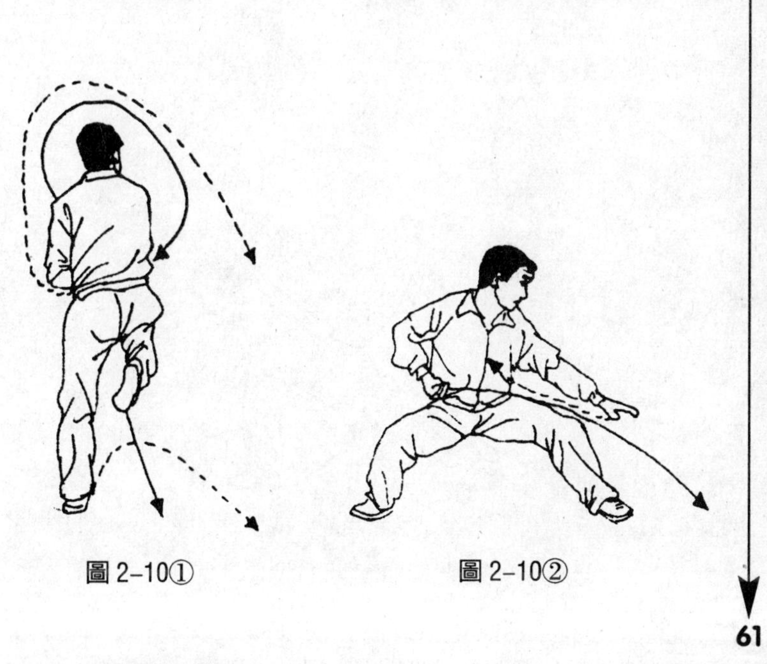

圖 2-10①　圖 2-10②

（10）翻身壓掌

① 身體重心移至左腿，右腿提膝；左掌變拳收回腰間，右拳在胸前；眼看右前方。（圖 2-10①）

② 上動不停，右腳落地，左腳隨即提起跟進落在右腿前，身體右轉 180 度下蹲成半馬步，重心偏向右；同時右拳向上、向右經頭前上方向下、向右輪臂收抱於腰間；左拳變掌從體側向上、向右，經頭頂向下按在左膝前，掌心向下；眼看左掌。（圖 2-10②）

【要點】

跳步不易過高，落地要穩，左腳上步要快。

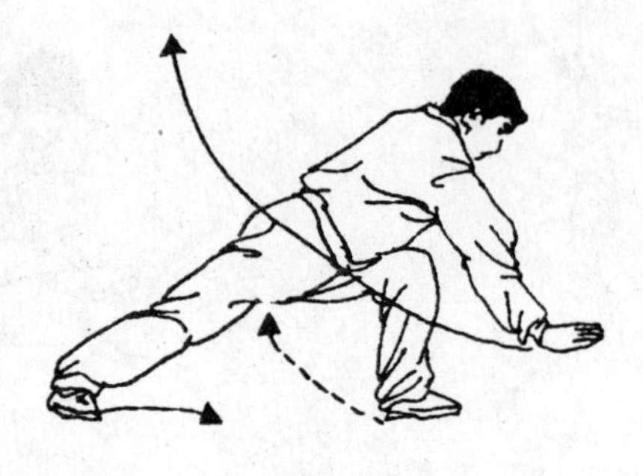

圖 2-11①

（11）迎面撒

① 身體重心前移，右腿蹬地成左弓步；同時右拳變爪從腰間向左前下方下抓；眼看右爪。（圖 2-11①）

② 上動不停，身體右轉上起，同時右爪變拳向右、向上屈肘到身體右側與肩同高；在身體右轉上起的同時，右腳向前一步震腳，左腿提膝；眼看右拳。（圖 2-11②）

③ 上動不停，左腿向左落地成左弓步；同時右手由體側向左前方推掌，五指分開，掌心向前；目視前方。（圖 2-11③）

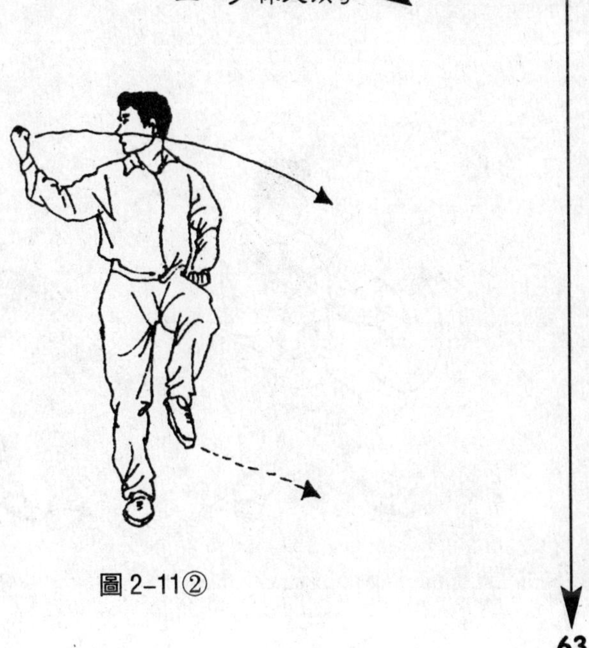

圖 2-11②

【要點】

身體前俯後仰時要以腰為主動軸，眼隨手轉，動作協調。

圖 2-11③

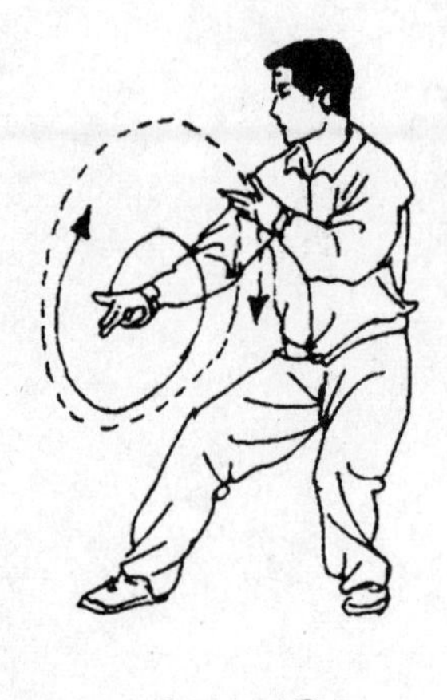

圖 2-12①

圖 2-12②

（12）懷中抱月

① 身體右後轉，右腿向左側收半步，腳尖點地成右虛步；右掌向下、向右至體前；左手由拳變掌，掌心向上抵於右上臂；目視前方。（圖 2-12①）

② 上動不停，右臂屈肘由掌變拳向上、向內、向下畫弧，同時左掌變拳向下、向前、向上，經右拳前上方繞至胸前；右拳向前上方擺至右拳前，左拳在內，兩拳心均朝下；目視前方。（圖 2-12②）

【要點】

兩拳相繞時，勁力由腰部發，肩根催動。

圖 2-13

(13)弓步推掌

右腳向前邁半步成右弓步，同時左拳向前、向下，經體前收至腰間；當左拳經右胸前時，右拳變掌經左拳上方向右前方推出，指尖向上與頦同高；眼看右掌。(圖 2-13)

圖 2-14①　　圖 2-14②

（14）臥枕勢

① 身體左轉成左弓步；同時右臂內旋由掌變拳向下、向左擺至體側，拳心向後；眼看前方。（圖 2-14①）

② 上動不停，身體重心左移，右腳稍提向前下落，右腳提起，身體右轉；同時右拳向左、向上、向右、向下、向右擺至體側胯旁，拳心向上；左拳由腰間向左、向上、向右、向下擺至左腹前，拳眼向上；眼看右手。（圖 2-14②）

圖 2-14③（前視面）　　圖 2-14③（後視面）

③ 上動不停，左腳向左落步，屈膝前弓成左弓步；同時右拳向右、向上、向左、向下栽至襠前，拳心向右；左拳向下、向右經腹前屈肘向上頂擊至左肩前，拳心向內；眼平視正前方。（圖 2-14③）

【要點】

動作連貫，以腰帶臂，擰裹嚴謹。

圖 2-15①

（15）前掃腿

① 身體下蹲，右腿伸直成右仆步；兩掌按於襠前，兩指尖斜向右前；目視仆步方向。（圖 2-15①）

② 右腿向前向左掃轉 180 度；當右腿經過體前時兩掌抬起，隨之下落按至體前，身體微向右前傾。（圖 2-15②）

③ 上動不停，右腿繼續向後掃轉；左腳蹬地離地，而後落地，使右腿經左腿下向後、向右掃轉成右仆步；目視仆腿方向（圖 2-15③）

【要點】

前後掃轉動作要連貫、迅速，一氣呵成。

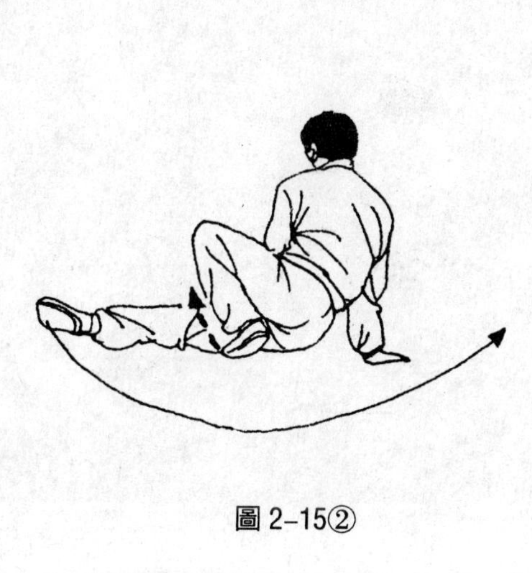

圖 2-15②

圖 2-15③

圖 2-16

（16）金剛搗臼

上動不停，身體上起，左腿屈膝前弓成左弓步；同時右拳向上、向左，經頭前上方（身體左擰）向前下方搗臼，拳心向內，在左膝內側擊於左掌心內；目視右拳，同時以氣催力，借勢大喝一聲。（圖 2-16）

【要點】

氣發力沉，聲短而粗。

圖 2-17（前視面）

圖 2-17（後視面）

（17）提手炮

右腳向前與左腳靠攏並震腳；同時右拳向上撩打，左掌向前、向上、向後與右拳背在腹前下方相擊；兩腿微屈下蹲，借勢大喝一聲；眼看左前方。（圖 2-17）

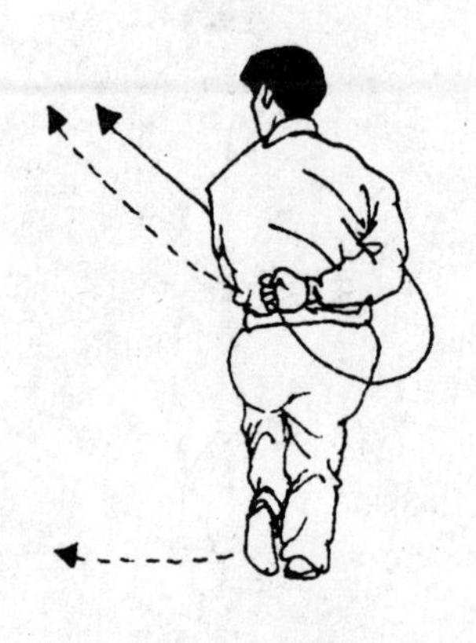

圖 2-18（前視面）

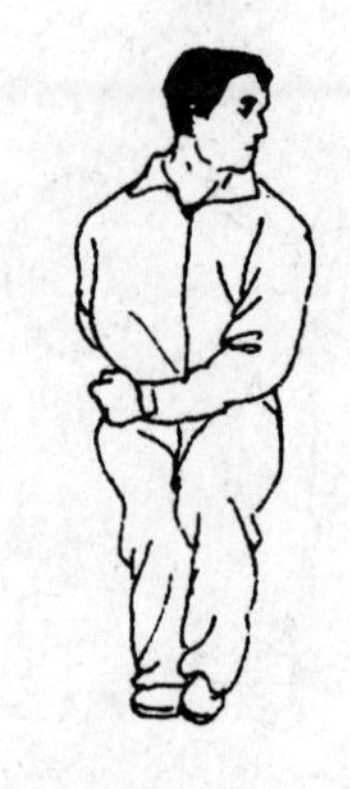

圖 2-18（後視面）

（18）古樹盤根

右腿向右跨一步，左腳跟步靠在右腳內側，腳尖點地，兩腿屈膝半蹲成左丁步；同時右拳向右、向後、向左揮於體後，拳心向後；左掌變拳向右至於腹右側，拳心向內；眼向左看。（圖 2-18）

【要點】

虛實分明，上體立直。

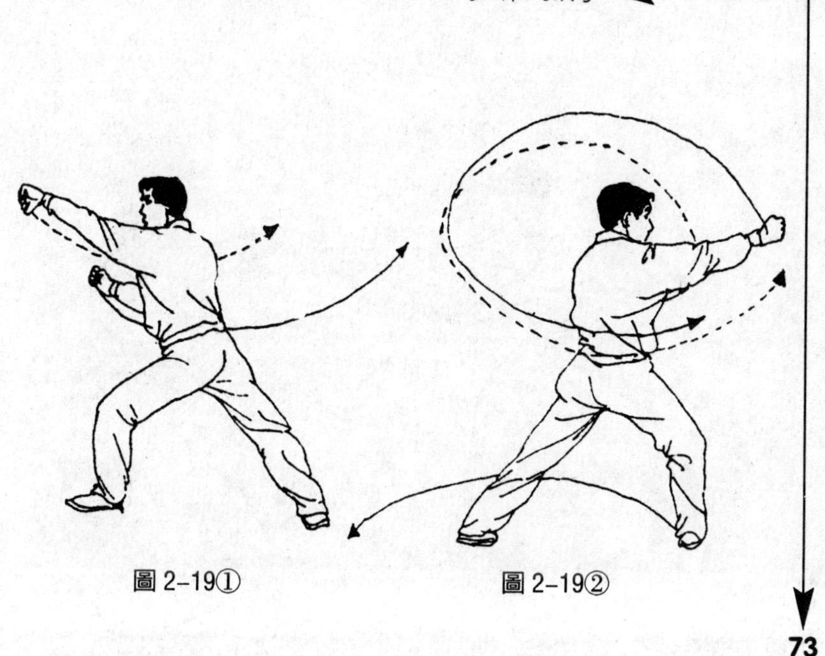

圖 2-19①　　圖 2-19②

（19）三出手

① 左腿向左邁步成左弓步，同時兩拳經體前向左側撩擊。左拳在上，拳眼朝下；右拳在下，拳眼朝上；眼看左拳。（圖 2-19①）

② 身體右轉成右弓步，兩拳由左側向下、向右，經腹前向右上方撩打。右拳在外，拳心向內；左拳在內，拳心向外；眼看右拳。（圖 2-19②）

圖 2-19③

圖 2-19④

③ 身體左轉，右腳向右前方蓋步；同時兩拳向上、向左，經頭前上方向下，經腹前向身體左下方打出。左拳在上，右拳在下，兩拳眼相對；眼看左拳。（圖 2-19③）

④ 左腿從右腿後側向右叉步，腳尖點地；同時兩拳向右經腹前向右上方打出，右拳在上，左拳在下，兩拳眼向內；眼看右拳。（圖 2-19④）

【要點】

分解動作①～④要連貫完成，速度要快，眼隨手，力達兩拳。

圖 2-20①

圖 2-20②

（20）海底炮

① 上體向左上方翻身；同時左拳向左、向上擺至頭頂上方，右拳隨轉體擺至右胯外側，拳心均向外；眼看左拳。（圖 2-20①）

② 上動不停，身體繼續左轉；右腳提起，向左腳右側落地併步，屈膝雙震腳先右後左；同時左拳向前、向下，屈肘向上經腹前上擺到右胸前，拳心向內；右拳向上、向左、向下沖拳至兩膝之間，左拳在內，右拳在外；眼平視前方。（圖 2-20②）

【要點】

立腰收腹，震腳時兩腳有力，屈膝蹲平。

圖 2-21①　　圖 2-21②　　圖 2-21③

（21）沖天炮

① 身體上起，右腳抬起、下落震腳，兩腳靠攏，身體下蹲，兩膝微屈；同時右拳屈肘，從左臂內側向上沖拳，拳心向內與頦同高；左拳向下蓋壓橫於腹前，拳眼朝上，拳心向內；眼平視前方。（圖 2-21①）

② 重心後移，左腿後退半步震腳，右腳尖點地；同時左拳向上沖出與頦同高，拳心向內；右拳抱回腰間，眼看左拳。（圖 2-21②）

③ 上動不停，重心後移，右腳後退一步震腳，左腳尖點地；同時右拳由腰間向上沖出與頦同高，拳心向內；左拳抱至腰間，眼看右手。（圖 2-21③）

圖 2-22（前視面）

圖 2-22（後視面）

【要點】

動作連貫，力達拳面。

（22）束身勢

身體右轉，重心移向右腿，右腳尖微外展，左腳收至右腳內側，腳尖點地，兩腿屈膝下蹲成左丁步；右拳至胸前，拳心向內；左拳向下沖於體側，拳心向左；眼看左前方。（圖 2-22）

【要點】

兩肘貼身，立腰下蹲，擺頭要迅速。

圖 2-21③

（23）雙格錘

① 身體左轉，左腳向左邁步成左弓步；同時腰向左擰，右拳由右胸前向前橫擊至體前，拳心向內，拳眼向上；左拳收抱於腰間，眼看右拳。（圖 2-23①）

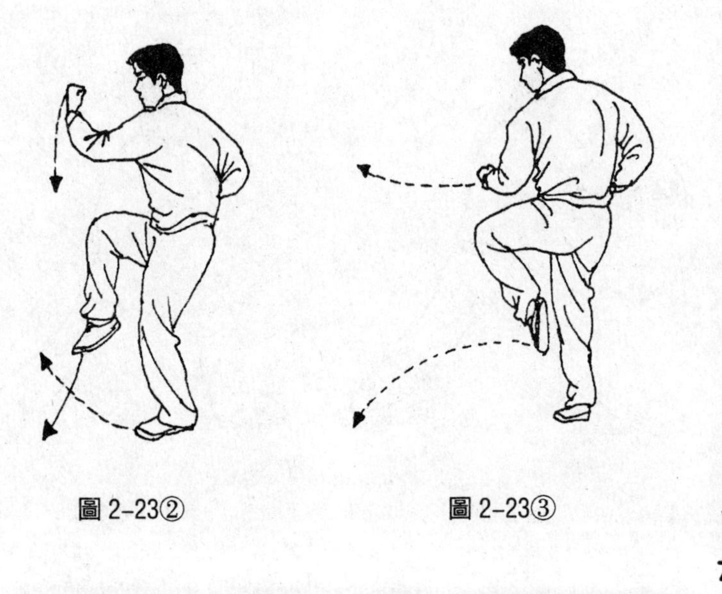

圖 2-23②　　圖 2-23③

② 上動不停，身體重心前移，右腿提膝左腿屈膝；同時左拳由腰間向前橫擊至體前，拳心向內，拳眼向外；右拳收抱於腰間，眼看左拳。（圖 2-23②）

③ 上動不停，右腳向前落地，左腳提起（跳換步）；同時左拳向下壓至腹前，拳心向內，拳眼向上；右拳抱在腰間，眼看左拳。（圖 2-23③）

【要點】

蹬地合胯，以腰帶臂，①～③動作要連貫，③動的跳換步不易過高，速度要快。

圖 2-24①　　圖 2-24②

（24）雙撅手

①左腳前落成左弓步；兩拳變掌，左掌在前與胸同高，右掌在後置於腹前，兩掌心均向上；眼看左掌。（圖 2-24①）

②右掌向前經左掌下方向上、向內、向下至胸前，右小臂內旋，右掌變拳，拳心向下；左掌向下、向前、向上經右掌前方上繞至胸前，左小臂內旋，左掌變拳，拳心向下置於右拳前；眼看左拳。（圖 2-24②）

【要點】

撅手要有力，速度快，含胸拔背。

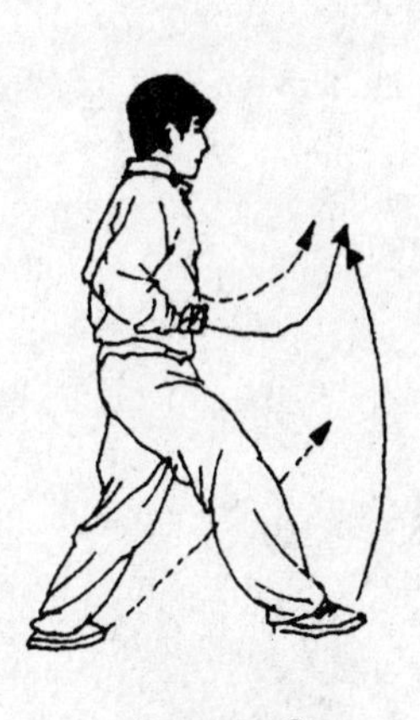

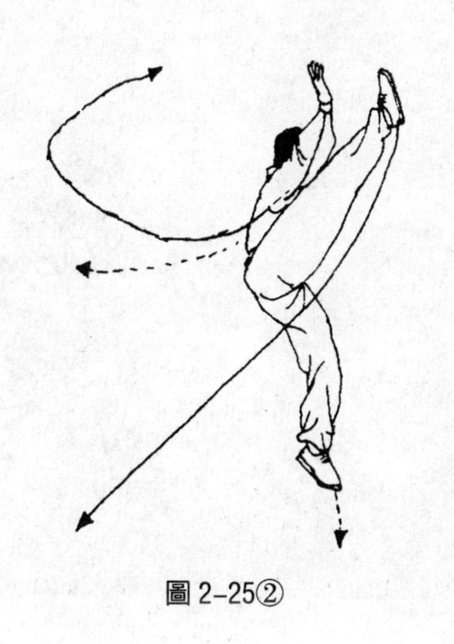

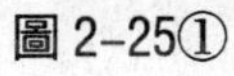

圖 2-25①　　圖 2-25②

（25）外擺腿

① 身體右轉，重心移到左腿上；兩拳收抱於腰間，拳心均向上；眼看前方。（圖 2-25①）

② 上動不停，兩腿屈膝，左腿向右上方擺，右腿用力蹬地，使身體右轉騰空，右腿向右上側擺；同時兩拳變掌，掌心向下，從腰間由右向左依次拍擊右腳面；左腳自然下垂，眼看手的方向。（圖 2-25②）

【要點】

騰空要高，擺腿速度要快，拍擊要響亮。

圖 2-26

（26）打虎勢

左腿落地，右腿向右方擺落成右弓步；同時兩掌變拳，右拳由胸前向右到體側再向上屈肘架於頭頂，拳心向上；左拳由胸前向右下方沖至右腹前，拳心向內；眼向左前方平視。（圖 2-26）

【要點】

落地要穩，定勢要迅速。

圖 2-27

（27）盤　肘

身體左轉成左弓步；同時左拳向下、向左、向上畫弧架於額前上方，拳心向上；右臂屈肘下落，由右向前、向左盤肘，拳面抵胸口，肘尖向前；上身左擰，眼看前方。（圖 2-27）

【要點】

擰腰盤肘要同時完成，要做到拳與腳合，肘與膝合，肩於胯合。

圖 2-28①　　圖 2-28②

(28) 三搶手

① 右腳向前上一步成右弓步；同時左拳內旋向下壓，經體前收至腰間；當左拳經右胸前時，右拳變掌經左拳心向前上方搶手（插掌），掌心向上，指尖向前；眼看右掌。（圖 2-28①）

② 上動不停，左腳向前上一步成左弓步；同時右手變拳收抱腰間，左拳變掌經右拳心向前上方搶手（插掌），掌心向上，指尖向前；眼看左掌。（圖 2-28②）

③ 上動不停，右腿向前上一步屈膝，左腿隨即跟上提膝，向前上方彈腿；同時左手變拳抱回腰間；右

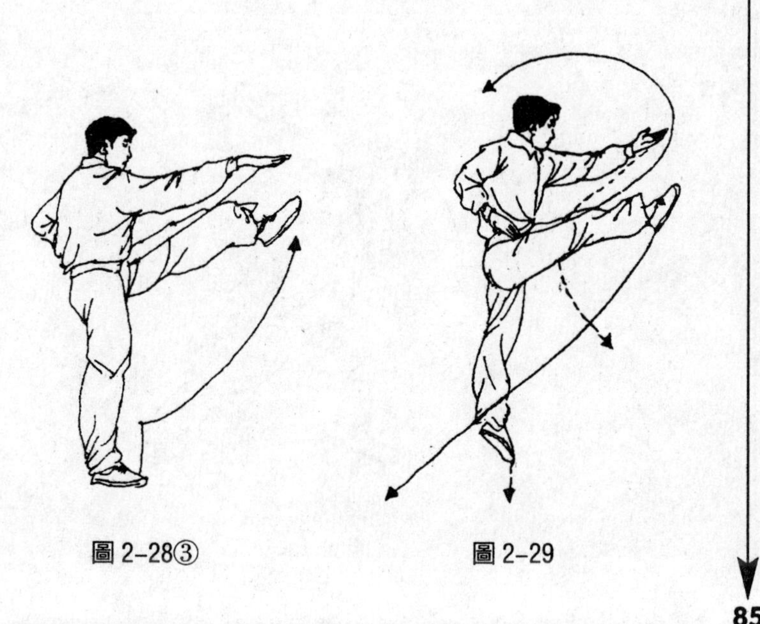

圖 2-28③　　圖 2-29

拳變掌經左掌心向前上方擰轉，小臂內旋搶手（插掌），掌心向下，指尖向前；眼看右拳。（圖 2-28③）

【要點】

動作連貫、快速，手法清楚，力達指尖，手腳配合要協調。

（29）箭彈搶手

上動不停，右腳蹬地，身體騰空，右腿快速向上彈踢，腳面繃直，左腿自然下垂；同時右掌外旋收至腰間，左拳變掌經右掌心向前上方搶出，掌心向上；眼看左掌。（圖 2-29）

圖 2-30

（30）回頭望月

左腳落地，身體右轉 90 度，右腳向右後落步成右弓步；同時左小臂內旋，左手收到胸前，變爪，向下經腹前向身體左側下按，爪心斜向下；右掌掌心朝上，向前經左小臂下方穿出，再內旋向上、向右至額斜上方，內旋架掌；眼看左前方。（圖 2-30）

【要點】

身體重心下沉，擰腰帶臂向左前上方發力，同時迅速擺頭。

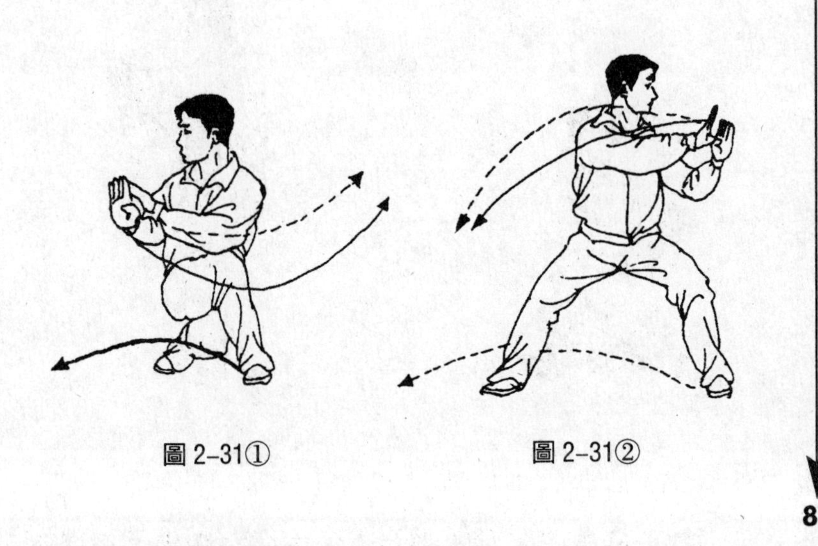

圖 2-31①　　圖 2-31②

（31）三扒手

① 左腿經右腿後方向右插步，身體下蹲成右歇步；同時左掌向上、向右至右腹前；右掌向下、向左，右拇指與左拇指相扣，掌心向外；眼看右前方。（圖 2-31①）

② 上動不停，右腳向右開一步，身體下蹲成馬步；同時兩掌向左、向上畫弧至左胸前，掌心向外；眼看兩掌。（圖 2-31②）

圖 2-31③

圖 2-31④

③ 上動不停，左腿經右腿後方向右插步，身體下蹲成右歇步；同時，兩掌向右、向下畫弧至右腹前，保持互扣，掌心向外；眼看右前方。（圖 2-31③）

④ 緊接上動，身體上起，右腿提膝；同時兩掌保持相扣，向左、向上畫弧至左胸前，掌心向外；眼看左前方。（圖 2-31④）

【要點】

以腰帶臂，用力柔和，連綿不斷，兩肘下沉。

圖 2-32

（32）雙震腳

兩掌由左向右、向下畫弧至腹前時，兩掌變拳，收抱腰間，拳心向上；同時右腳落地，與左腳併步震腳；眼看右前方。（圖 2-32）

【要點】

身體下沉，震腳有力，同時夾肘。

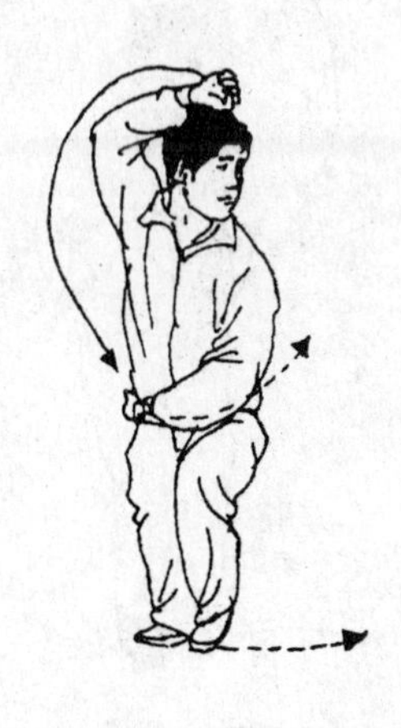

圖 2-33

（33）虎抱頭

右腳向右開一步，左腳隨即跟進腳尖點地靠在右腳內側，身體下蹲成左丁步；同時右拳向右、向上、向左架在頭頂上，拳心向外，拳眼向下；左拳經腹前向右橫擊至腹右側，拳心向內，拳眼向上；眼看左側。（圖 2-33）

【要點】

以肩帶臂，擺頭要迅速，虛實分明。

圖 2-34

（34）弓步擺拳

左腳向左跨一步，左腿前弓成左弓步；同時，右拳由上向下收至腰間；左拳由右腹前向左橫擊於左體側，肘貼左肋，拳心向上；眼平視前方。（圖 2-34）

【要點】

擰腰、擺臂，力達左小臂。

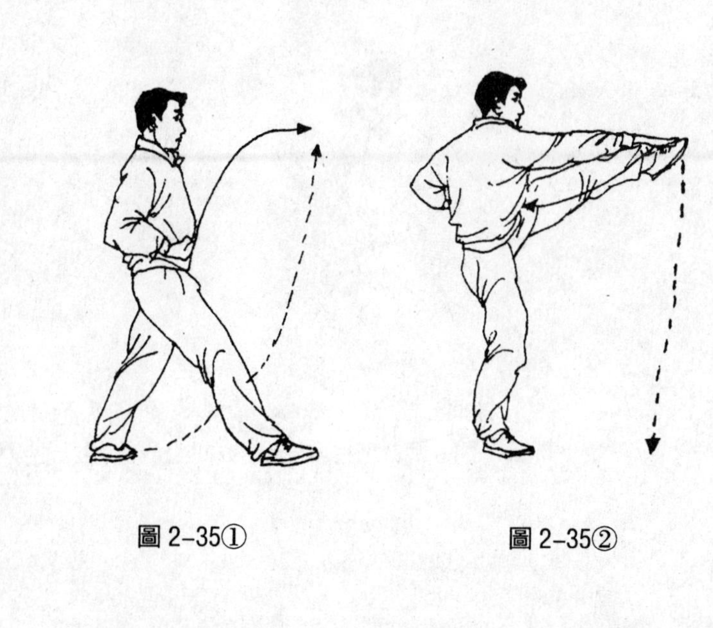

圖 2-35①　　圖 2-35②

(35)十字拍腳

① 右腳向前上一步，同時左拳收至腰間，眼看前方。(圖 3-35①)

② 上動不停，重心移至右腿，左腿向前上方彈踢，腳面繃直；同時右拳變掌，由腰間向前插出，在胸前翻掌，掌心向下，迅速迎擊左腳面；眼平視前方。(圖 2-35②)

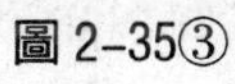
圖 2-35③

圖 2-35④

③ 上動不停，左腳擊響後迅速向前落地成弓步；同時右掌變拳收回腰間；眼平視前方。（圖 2-35③）

④ 上動不停，右腿向前、向上彈踢，腳面繃直；同時左拳變掌由腰間向前插出，在胸前翻掌，掌心向下迅速迎擊右腳面；眼看前方。（圖 2-35④）

【要點】

分解動作①～④要連貫，整個動作要求抬頭、挺胸、立腰，十字拍腳速度要快。

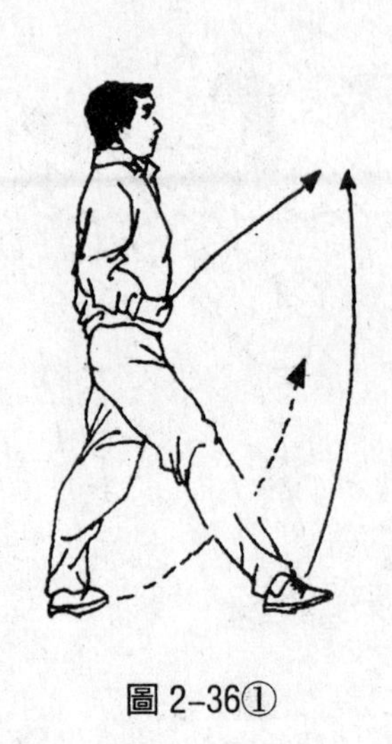
圖 2-36①

圖 2-36②

（36）二起腳

① 右腳向前落地，左手外旋握拳收至腰間，眼平視前方。（圖 2-36①）

② 身體重心移至右腿，右腿蹬地跳起，左腿屈膝上擺，身體騰空；右腿向前上方擺，腳面繃直，左腿自然下垂；右拳變掌由腰間向前直插出，在胸前翻掌，迅速迎擊右腳面；眼平視前方。（圖 2-36②）

【要點】

騰空要高，擊拍要響，速度要快。

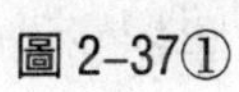

圖 2-37①

圖 2-37②

（37）坐山勢

① 左腳落地，身體右轉 90 度，隨即右腳落地震腳，左腿提膝；右掌變拳隨右腿下落轉體之勢向下、向右畫弧於身體右側，拳心向內；左拳同時向上沖於左肩上方，拳心向內；眼看右前方。（圖 2-37①）

② 上動不停，左腳向左側開步成馬步；左拳向右、向下經右胸前向外畫弧，按於左膝上；右拳從身體右側向上畫弧至額前上方架拳，拳心向外，拳眼向下。眼平視左前方。（圖 2-37②）

【要點】

以腰帶臂，定勢擺頭要迅速，並借勢大喝一聲。

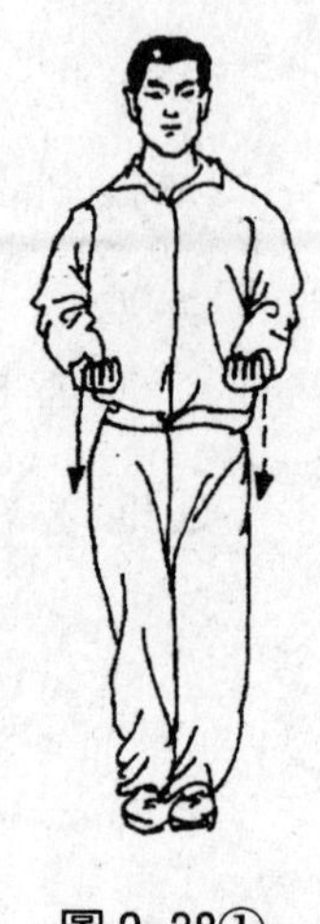

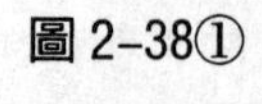

圖 2-38①

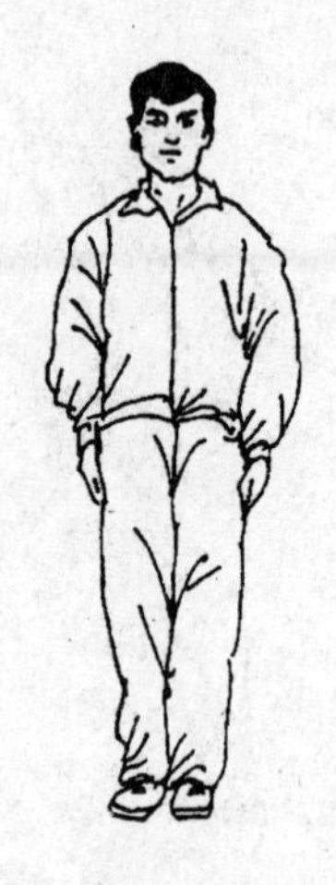

圖 2-38②

（38）收　勢

① 左腳向右收步，兩腳併攏，身體直立；兩拳收於腰間成抱拳勢；眼向前平視。（圖 2-38①）

② 兩拳變掌，兩臂伸直下垂於身體兩側，成立正姿勢。（圖 2-38②）

三、少林六合拳對練

（一）簡　介

六合拳又稱六合本門。所謂「六合」，即「內三合」和「外三合」：心與意合，意與氣合，氣與力合，稱之為「內三合」；肩與胯合，肘與膝合，手與足合，稱之為「外三合」。

它是運用人體內外矛盾的變化及運動規律，進行雙人假設性徒手技擊的對抗運動。

六合拳特點在於：出招則剛，收招則柔，剛柔並濟；節奏嚴謹，步法適中，技法齊全，易學易練。久練拳熟，熟能生巧，巧中生妙，變化無窮；力要順達，順人之勢，借人之力，「四兩撥千斤」；交手好似火燒身，手腳運用快如風；一招一勢非打即防，防中有打，打中有防；攻勢聚猛，閃轉雙疾，樸實敏捷。

在少林寺地帶流傳著三套六合拳對練套路，我們將其進行綜合，去掉重複動作，使其攻防更合理，編成了兩套「新少林六合拳對練套路」。它包括踢、打、擲、拿等各種靈巧技法，內外合一，形神兼備。

練習中每一姿勢和動作都要做到眼到、手到、身到、步到，雙方身體各部都要密切配合，協調一致。尤其是眼觀對方的步法動作，要做到「足起望膝，膝起望懷」。

在運動時，要求身滾而起，手滾而出；拳法和掌法曲而不曲，直而不直。過曲則欠一寸，擊之不中，過直則力之運用較難回旋。

這兩套少林六合拳對練套路技擊性強，靈活多變，有較高的身體鍛鍊和抗暴防身價值。

（二）第一套動作圖解

1.動作名稱

（1）預備勢

（2）甲、乙抱拳腰間

（3）甲、乙虛步十字手

（4）甲、乙墊步成左弓步下磕臂

（5）甲上步下磕臂，乙退步下磕臂

（6）甲、乙迎面掌

（7）乙左彈腿，甲退右步單拍腳

（8）乙右彈腿，甲退左步單拍腳

（9）甲、乙迎面掌

（10）甲左彈腿，乙退右步單拍腳

（11）甲右彈腿，乙退左步單拍腳

（12）甲左彈腿，乙退右步單拍腳
（13）甲、乙迎面掌
（14）乙纏腕，甲轉體藏身
（15）甲上步劈掌，乙跟步架掌
（16）乙攬手，甲繞手
（17）乙插掌，甲架掌
（18）甲攬手抓腕，乙繞手纏腕
（19）乙跳步沖拳扛肩，甲後跳步抓腕
（20）甲、乙掤肘
（21）甲、乙跳換步成馬步
（22）甲進身，乙藏身
（23）乙進身，甲藏身
（24）甲推擠，乙跳出
（25）甲剪彈腿，乙雙拍腳
（26）乙震腳砸拳，甲震腳上托
（27）乙壓臂，甲屈臂推
（28）乙脫腕推掌，甲跳出
（29）乙跟進跳步砸拳，甲後跳步上架
（30）甲下沖拳，乙格擋
（31）乙推掌，甲格擋
（32）乙纏腕貫拳頂肘，甲藏頭立掌護胸
（33）甲進身，乙藏身
（34）乙進身，甲藏身
（35）甲推擠，乙跳出
（36）甲彈腿，乙單拍腳

（37）甲後轉身掃擺腿，乙仆步藏身
（38）乙彈腿，甲單拍腳
（39）乙沖拳，甲架掌
（40）甲纏腕，乙轉體藏身
（41）甲推掌，乙格擋
（42）乙擊掌，甲擋掌
（43）甲、乙上步轉身虛步十字手
（44）收　勢

2.動作說明

（1）預備勢（圖 3-1）（甲穿武術服 乙穿運動服）

甲、乙併步站立，相距約 4 步，兩手五指併攏，兩臂垂於身體兩側，眼向前平視。

（2）甲、乙抱拳腰間（圖 3-2）

甲、乙兩手由掌變拳，臂外旋屈肘提於腰側。

（3）甲、乙虛步十字手（圖 3-3）

甲上體左轉退右步成左虛步；右拳由下向前上畫弧至腹前，拳心向上；同時左拳由下向前上畫弧，屈臂高與眼平，拳心向上；目視乙。

乙上體右轉退右步成左虛步；右拳由下向前上畫弧至腹前，拳心向上；同時左拳由下向前上畫弧，屈臂高與眼平，拳心向上；目視甲。

三、少林六合拳對練

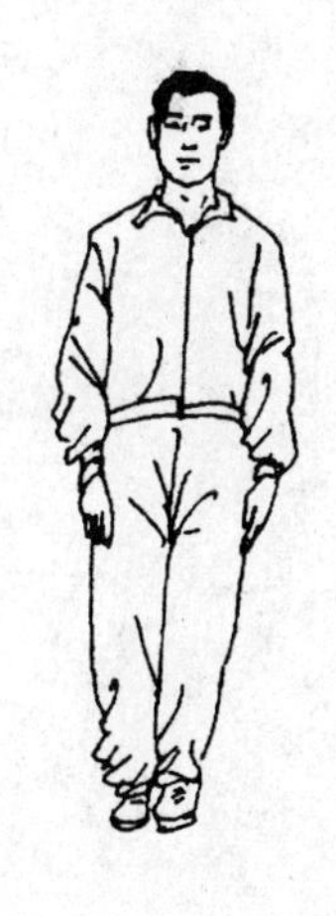

圖 3-1

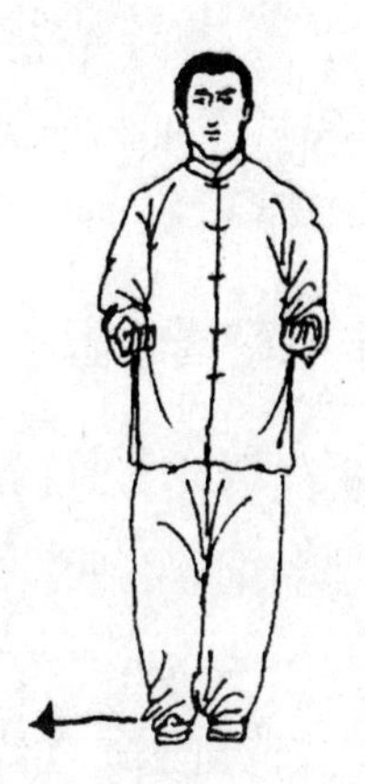

圖 3-2

圖 3–3

（4）甲、乙墊步成左弓步下磕臂（圖 3–4）

甲、乙同時右腳撞擊左腳跟，進身落步成左弓步；左臂內旋，由內向前下碰擊對方小臂外側，拳心向下；右拳抱於腰間，拳心向上；目視對方。

（5）甲上步下磕臂，乙退步下磕臂（圖 3–5）

甲收左拳於腰側，上右步成右弓步；右臂內旋，由內向前下方碰擊對方小臂外側，拳心向下；目視乙。

乙收左拳於腰側，退左步；右臂內旋，由內向前下方碰擊對方小臂外側，拳心向下；目視甲。

圖 3-4

圖 3-5

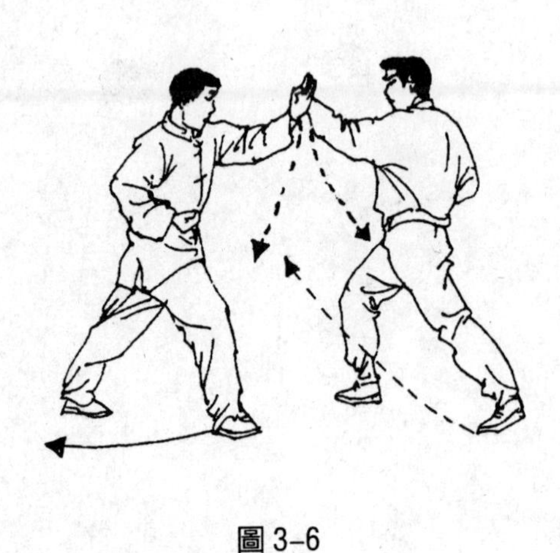

圖 3-6

（6）甲、乙迎面掌（圖 3-6）

甲、乙同時收右拳於腰側；左臂內旋，左拳變掌由內向前上方碰擊對方小臂外側，至臉前高與肩平；目視左手。

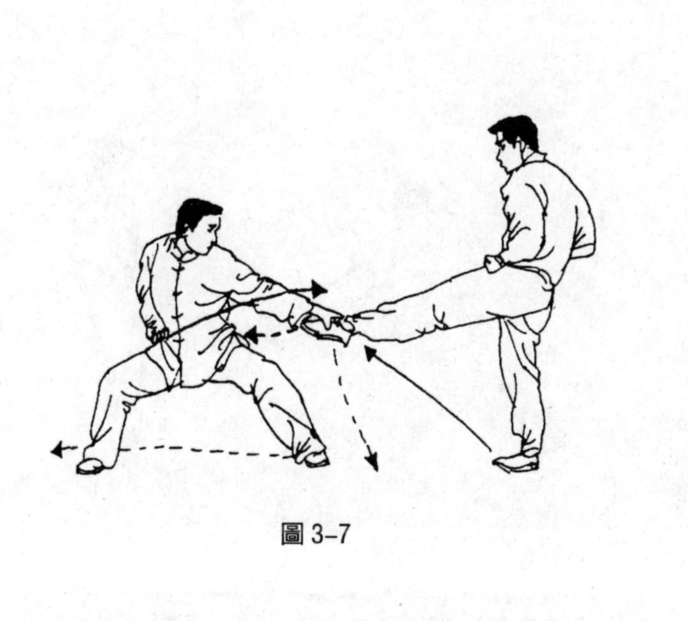

圖 3-7

（7）乙左彈腿，甲退右步單拍腳（圖 3-7）

乙左掌變拳收於腰側；左腿由屈到伸向前上方彈踢至甲腹前，腳面繃平；目視甲。

甲退右步，左掌拍擊乙腳面成馬步；右拳抱於腰側，目視乙腳面。

圖 3-8

（8）乙右彈腿，甲退左步單拍腳（圖3-8）

乙左腳落地；右腿由屈到伸向前上方彈踢至甲腹前，腳面繃平，雙拳抱於腰側；目視甲。

甲左掌變拳收於腰側，退左步；右拳變掌拍擊乙腳面成馬步；目視乙腳面。

圖 3-9

(9) 甲、乙迎面掌(圖 3-9)

乙落腳成右弓步後，甲、乙同時左拳變掌內旋，由內向前上方碰擊對方小臂外側；目視左手。甲右掌變拳同時收於腰側。

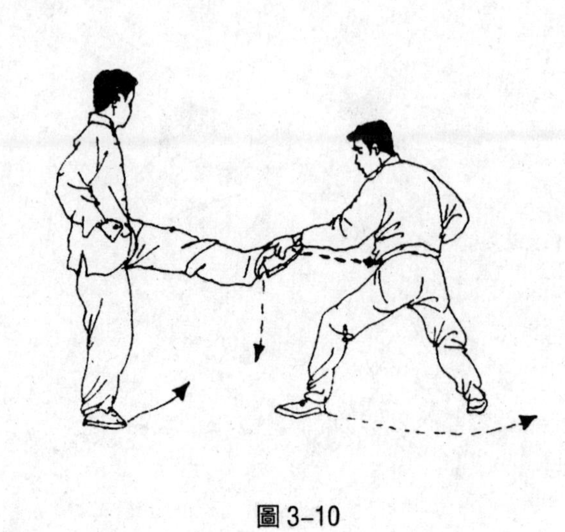

圖 3–10

（10）甲左彈腿，乙退右步單拍腳（圖 3–10）

甲左掌變拳收於腰側，左腿由屈到伸向前上方彈踢至乙腹前，腳面繃平；目視乙方。

乙退右步；左掌拍擊甲腳面成馬步；目視甲腳面。

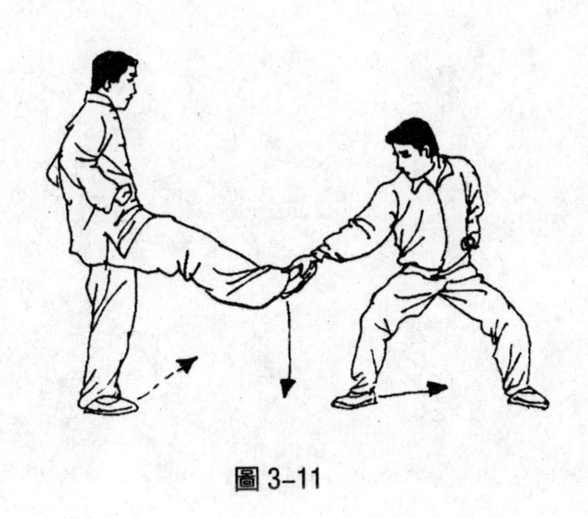

圖 3–11

（11）甲右彈腿，乙退左步單拍腳（圖 3–11）

甲左腳落地；右腿由屈到伸向前上方彈踢至乙腹前，腳面繃平；雙手抱拳於腰側，目視乙方。

乙左掌變拳收於腰側，退左步；右拳變掌拍擊甲腳面成馬步；目視甲腳面。

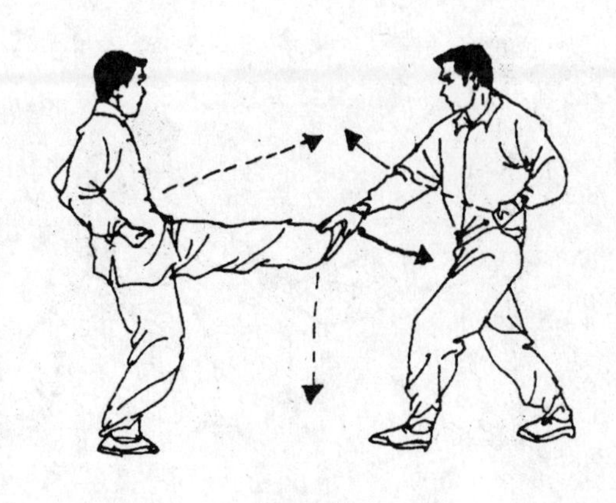

圖 3–12

（12）甲左彈腿，乙腿右步單拍腳（圖 3–12）

甲右腳落地，左腿由屈到伸彈踢對方腹部，腳面繃平；雙手抱拳於腰側，目視乙方。

乙右掌變拳收於腰側，退右步，右拳變掌再拍擊甲腳面成馬步；目視甲方腳面。

圖 3-13

(13)甲、乙迎面掌(圖 3-13)

甲左腳落地；左拳變掌，小臂內旋由內向前上方碰擊乙臂外側；目視乙方。

乙半蹲；左臂內旋由內向前上方迎擊甲左臂外側，右手變拳抱於腰側；目視甲方。

圖 3-14

（14）乙纏腕，甲轉體藏身（圖 3-14）

乙左手反抓甲腕，左臂外旋扭甲臂；右拳抱於腰側，目視對方。

甲上體右轉成右弓步，左掌變拳臂內旋落於腰後；右拳抱於腰側，目視對方。

圖 3–15

(15)甲上步劈掌,乙跟步架掌(圖 3–15)

甲上體右轉上左步;右拳變掌內旋由上向前下,以掌外側劈擊乙臉上方;目視對方。

乙上右步,右拳變掌內旋由內向上經臉前架甲手腕;目視對方。

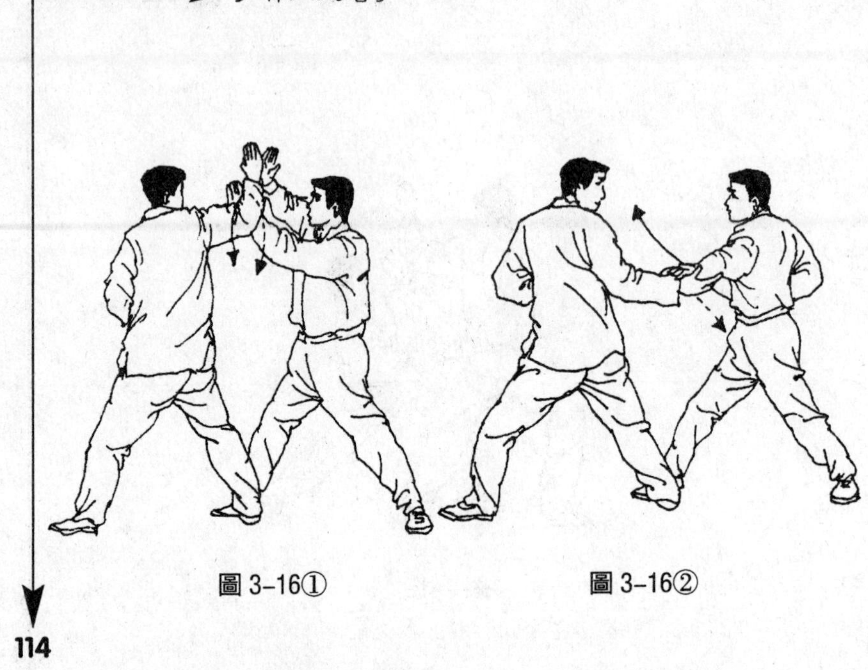

圖 3-16①　　圖 3-16②

（16）乙攬手，甲繞手（圖 3-16①②）

①甲左拳收於腰側；目視乙方。

乙左手鬆開甲手腕，變掌外旋由下向上插至甲臉前；目視甲方。

②甲右臂外旋由上向外畫弧至腰外側；左拳抱於腰側，目視右手腕。

乙左臂內旋攬甲右臂，由上向外畫弧至腰外側；右手抱拳於腰側，目視左手腕。

圖 3–17

（17）乙插掌，甲架掌（圖 3–17）

乙左掌變拳收於腰側；右拳變掌，臂外旋插向對方臉前。

甲右掌回收，掌臂內旋架掌至眼前；左拳抱於腰側，目視對方。

圖 3–18

（18）甲攬手抓腕，乙繞手纏腕（圖 3–18）

甲右臂外旋向外畫弧至臉前，掌心朝上抓對方手腕；左拳抱於腰側，目視對方。

乙右臂內旋向外畫弧至臉前，掌心朝下抓對方手腕；左拳抱於腰側，目視對方。

圖 3–19

（19）乙跳步沖拳扛肩，甲後跳步抓腕（圖 3–19）

乙雙腳向前跳步落地成馬步；身體右轉，左拳眼向上沖至甲腹前；同時右手拉甲右臂，使對方肘關節外側放至肩上；目視對方。

甲雙腳向後跳步落地成馬步；同時收腹，右手外旋，左拳變掌內旋正抓乙右手腕；目視對方。

圖 3-20①（前視面）

圖 3-20①（後視面）

圖 3-20②

（20）甲、乙掤肘（圖 3-20①②）

①乙身體半起，肩頂甲肘；目視對方。

甲隨之半起，目視對方。

②甲右胸頂乙左肘關節站立；目視對方。

乙半蹲站立，目視甲方。

圖 3-21①　　圖 3-21②

(21) 甲、乙跳換步成馬步（圖 3-21①②）

甲雙腳跳起離地，身體右轉；同時右臂內旋從對方頭上繞過拉對方手腕至腹前；左腳落於乙體後成馬步；目視對方。

乙雙腳離地，身體左轉；同時左臂內旋，拉對方左手腕至腹前；右腳落於甲體前成馬步；目視對方。

圖 3-22

（22）甲進身，乙藏身（圖 3-22）

甲上體靠乙，目視對方。

乙順勢含胸，由右向左畫弧；目視對方。

圖 3-23

（23）乙進身，甲藏身（圖 3-23）

乙上體靠甲，目視對方。

甲順勢含胸，由左向右畫弧擴乙手臂至腹前；目視對方。

圖 3-24①　　圖 3-24②

（24）甲推擠，乙跳出（圖 3-24①②）

甲鬆開乙手腕，右手掌與左小臂外側放至乙胸部，隨後向前發力推；目視對方。

乙隨甲發力方向向後跳步；目視對方。

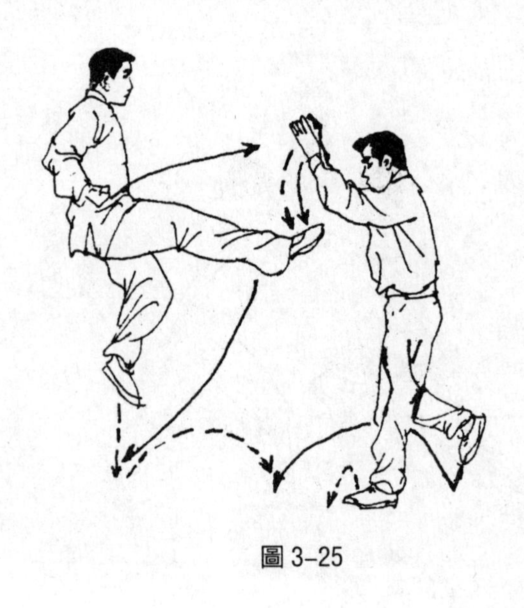

圖 3-25

(25)甲剪彈腿，乙雙拍腳(圖 3-25)

甲雙手變拳抱至腰側；上左步，跟右步，右腳踏跳，左腿提膝，右腿由屈到伸向前上方彈踢至乙腹前，腳面繃平；目視對方。

乙雙腳落地後左腳在前，雙手由上向下拍擊甲腳面；目視對方。

圖 3-26

（26）乙震腳砸拳，甲震腳上托（圖 3-26）

乙左腳抬起落地發力，同時右腳離地向前落腳成右弓步；雙手變拳由上向下砸至甲臉上方；目視對方。

甲右腳發力落地，同時左腳離地向前落腳成左弓步；雙手變八字掌，由下向上至眼上方接乙手腕；目視對方。

圖 3-27

（27）乙壓臂，甲屈臂推（圖 3-27）

乙雙臂下壓至胸前，隨甲臂至兩體之間；目視對方。

甲抓乙雙腕屈臂至胸前，順勢推至兩體之間；目視對方。

圖 3-28①　圖 3-28②

圖 3-28③

（28）乙脫腕推掌，甲跳出（圖 3-28①②③）

乙順勢雙拳變掌外壓甲雙手腕，同時發力推甲胸；目視對方。

甲雙手鬆脫外擺，隨乙推力方向跳步；目視對方。

圖 3-29

（29）乙跟進跳步砸拳，甲後跳步上架（圖 3-29）

乙雙腳離地向前跳出，左腳落前成弓步；左臂內旋向前上方砸擊甲頭部，右手抱拳於腰側；目視對方。

甲雙腳離地向後跳出，左腳在前成馬步；左臂內旋屈肘上架乙拳，右手抱拳於腰側；目視對方。

圖 3-30

（30）甲下沖拳，乙格擋（圖 3-30）

甲左拳由上向下打擊乙左肋，步型不變；目視對方。

乙由弓步變馬步；左拳由上向下用下臂外側磕擊甲臂外側；目視對方。

圖 3-31

（31）乙推掌，甲格擋（圖 3-31）

乙由馬步變左弓步；左拳變掌由下向上打擊甲臉部，四指朝上；右拳抱於腰側，目視對方。

甲左拳變掌內旋由下向上磕擊甲左臂外側；步型不變，目視對方。

（32）乙纏腕貫拳頂肘，甲藏頭立掌護胸（圖 3-32①②③）

①乙左臂纏腕抓甲左手腕，然後外旋扭轉甲左臂；步型不變，目視對方。

甲上體右轉成右弓步，左臂內旋；目視對方。

②乙上右步於甲身後，右臂內旋，右拳畫平圓於

圖 3-32①

圖 3-32②

圖 3-32③

甲頭上方；然後用肘頂擊甲胸口成馬步；目視對方。

甲右弓步變馬步，含胸低頭；然後屈右肘，右拳變掌立於胸口前，四指朝上；目視對方。

圖 3-33　　圖 3-34

（33）甲進身，乙藏身（圖 3-33）

甲右手抓乙右肘關節，上體靠乙；目視對方。
乙順勢含胸，雙臂由內向外畫弧；目視對方。

（34）乙進身，甲藏身（圖 3-34）

乙雙臂由左向右靠甲；目視對方。
甲順勢含胸；目視對方。

圖 3-35①　　圖 3-35②

（35）甲推擠，乙跳出（圖 3-35①②）

甲左腳繞至乙體後，身體靠乙推擊；目視對方。乙雙腳離地順推力方向跳出；目視對方。

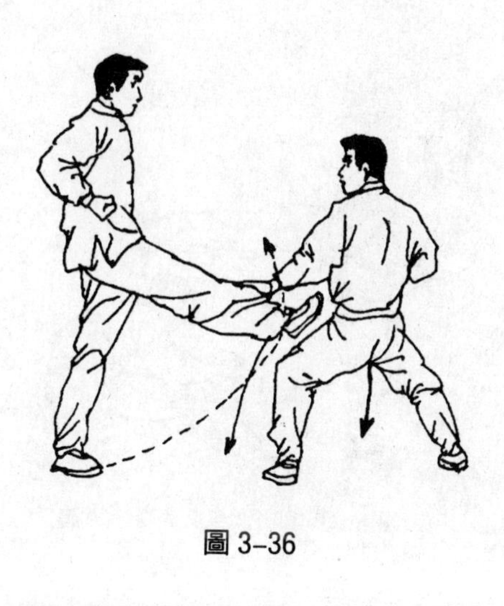

圖 3-36

（36）甲彈腿，乙單拍腳（圖 3-36）

甲右腿上半步，接上左步，右腿由屈到伸向前上方踢至乙腹前，腳面繃平；雙手抱拳於腰側，目視對方。

乙雙腳落地時右腳在前，然後退右步成左弓步；左手由上向下拍擊甲腳面；右手抱拳於腰側，目視對方。

圖 3–37

（37）甲後轉身掃擺腿，乙仆步藏身（圖 3–37）

甲右腳落地後以腳掌為軸，身體向左後方轉身 360 度；同時左腳離地由後向前，由屈到伸掃擊乙軀幹；雙手抱拳於腰側，目視對方。

乙右腿全蹲，左腿伸直，身體下潛成仆步；雙手抱拳於腰側，目視對方。

（38）乙彈腿，甲單拍腳（圖 3–38①②）

乙身體上起，右腿由屈到伸向前上方彈踢乙腹，腳面繃平；目視對方。

甲落左腳於體後，右腳在前；然後退右步，左拳變掌拍擊乙左腳面；右手抱拳於腰側，目視對方。

圖 3-38①

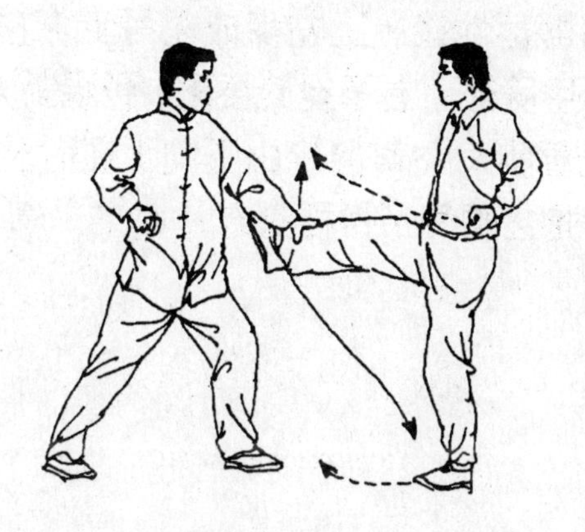

圖 3-38②

圖 3-39

（39）乙沖拳，甲架掌（圖 3-39）

乙右腳落地後，上左步成左弓步；左拳內旋由屈到伸沖至甲臉部；右拳抱於腰側，目視對方。

甲成馬步；左掌內旋由下向上屈肘至臉上方架乙拳；右拳抱於腰側，目視對方。

圖 3–40

（40）甲纏腕，乙轉體藏身（圖 3–40）

甲由馬步變左弓步；左掌反抓乙手腕，左臂外旋至乙腰側；目視對方。

乙上體右轉成右弓步，左臂內旋；右手抱拳於腰側，目視對方。

圖 3-41　　圖 3-42

（41）甲推掌，乙格擋（圖 3-41）

甲上右步成右弓步；右拳變八字掌，右臂由屈到伸向前推擊乙腰側；目視對方。

乙上左步成左弓步；右拳變八字掌，右臂內旋由屈到伸反抓壓甲手腕；目視對方。

（42）乙擊掌，甲擋掌（圖 3-42）

乙收左手，由背後向體前畫弧變掌，上體右轉，屈肘拍擊甲臉部；右手抱拳，目視對方。

甲鬆乙左手腕；左手變掌由下向上屈肘至臉側，擋乙左掌；右手抱拳，目視對方。

圖 3-43①

（43）甲、乙上步轉身虛步十字手（圖 3-43①②）

①甲、乙雙手離開，上體右轉上左步，退右步，同時伸左手；目視對方。

②甲、乙雙手變拳，按順時針方向交叉經臉前同時仰頭畫平圓；右拳屈肘至腹前方，左拳屈肘至眼下方成虛步；目視對方。

（44）收　勢（圖 3-44①②）

①甲上右步併左步，雙拳抱於腰側；目視前方。

乙上左步併右步，雙拳抱於腰側；目視前方。

②甲、乙雙拳變掌，屈肘伸直，五指併攏，兩臂垂於身體兩側；目視前方。

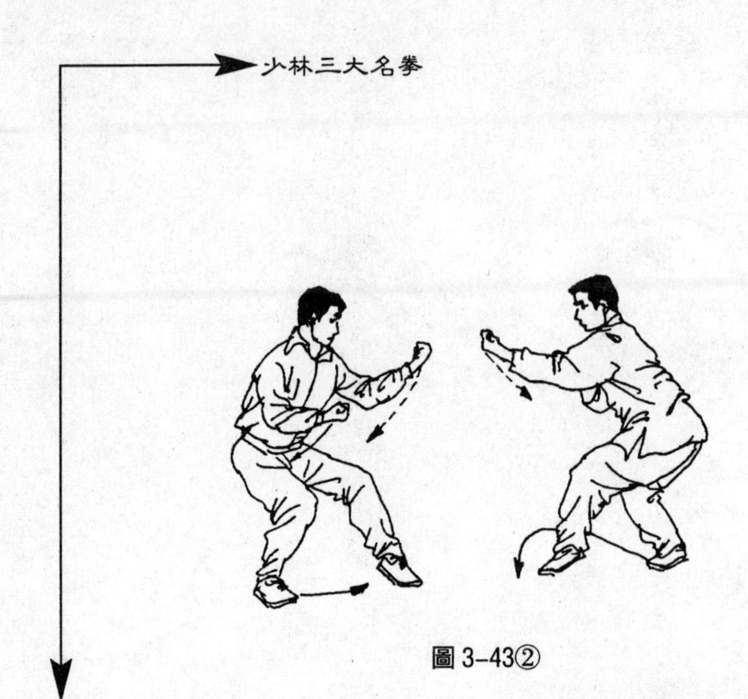

圖 3-43②

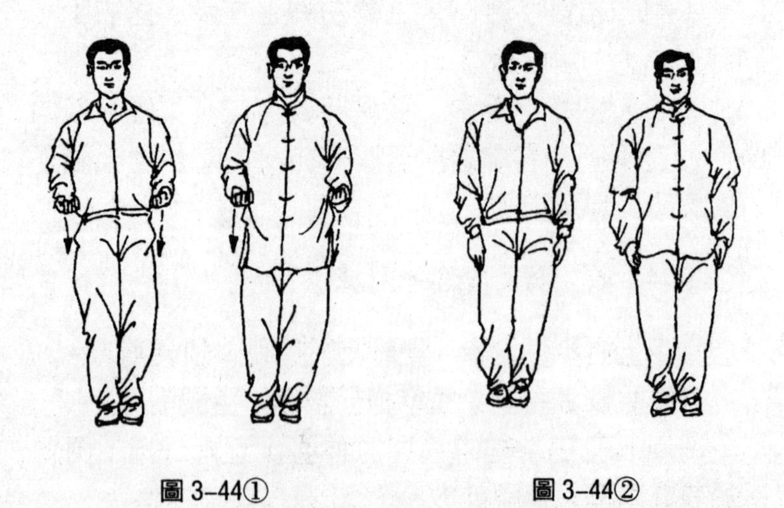

圖 3-44①　　圖 3-44②

（三）第二套動作圖解

1. 動作名稱

第一段

（1）預備勢
（2）甲、乙雙推掌
（3）甲、乙震腳虛步十字手
（4）甲、乙墊步上磕臂
（5）甲纏腕馬步沖拳，乙藏頭馬步抓腕
（6）甲、乙轉身跳換步
（7）甲橫拳，乙格擋
（8）甲、乙上磕臂
（9）甲沖拳，乙架擋
（10）乙右彈腿，甲退步雙拍腳
（11）甲沖拳，乙抓腕
（12）乙換步推掌，甲按掌壓肘
（13）乙肘砸，甲肩頂
（14）乙橫拳，甲格擋
（15）甲沖拳，乙抓腕
（16）乙退步成馬步，甲上步成馬步
（17）甲推掌，乙按掌壓肘
（18）甲、乙弓步下磕臂
（19）甲、乙雲手虛步十字手

第二段

（20）甲、乙墊步上磕臂
（21）乙彈腿，甲退步撥腳
（22）甲、乙原地磕臂
（23）乙撥掌彈腿，甲退步撥腳
（24）乙砍掌，甲格擋
（25）甲、乙跳換步掄臂
（26）甲、乙弓步拉臂
（27）乙推掌，甲跳出
（28）乙沖拳，甲架擋
（29）甲彈腿，乙退步雙拍腳
（30）乙彈腿，甲雙拍腳
（31）甲沖拳按掌壓肘，乙托腕推掌
（32）乙砍掌，甲格擋
（33）甲劈掌，乙架掌
（34）甲砍掌，乙格擋
（35）甲、乙單拍腳
（36）甲、乙震腳坐山
（37）收　勢

2. 動作說明

第一段

（1）預備勢（圖 4-1）（甲穿武術服，乙穿運動服）

甲、乙併步站立，相距約 4 步；兩臂垂於身體兩側，五指併攏；目視前方。

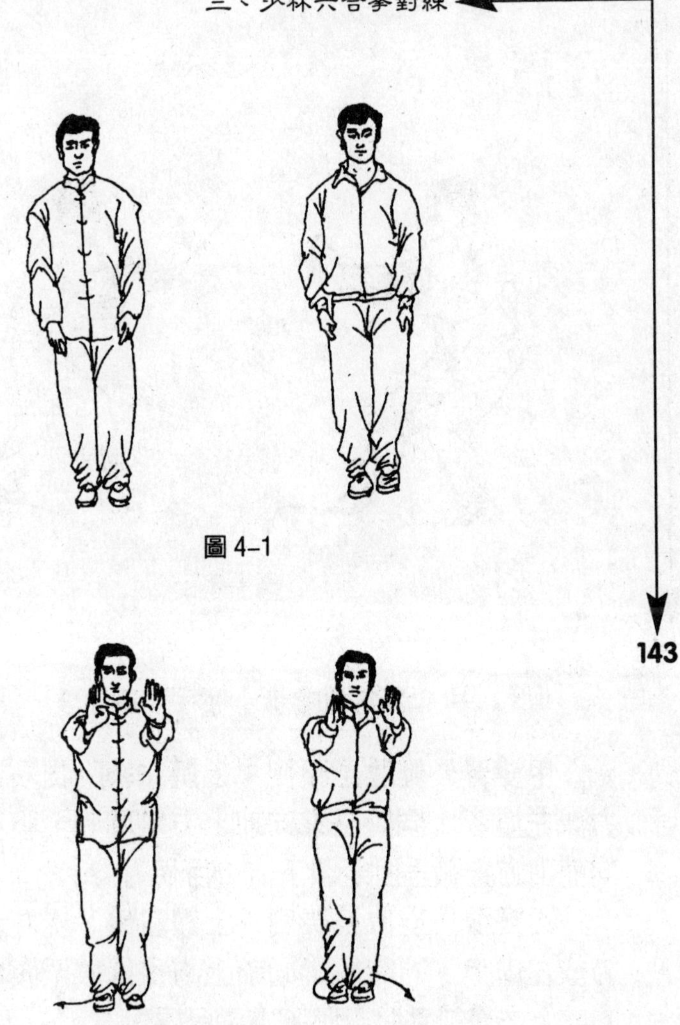

圖 4–1

圖 4–2

（2）甲、乙雙推掌（圖 4–2）

甲、乙兩手變掌臂外旋屈肘至腰側；然後臂內旋由曲到直，四指朝上至眼下方；目視前方。

圖 4–3

（3）甲、乙震腳虛步十字手（圖 4–3）

甲雙臂外旋收至腰側；上體左轉，提右腳向下發力成左虛步，同時右掌向前上方畫圓收至腹前，左掌向前上方畫弧垂肘至眼下方；目視對方。

乙雙臂外旋收至腰側；上體右轉，提右腳向下發力成左虛步，同時右掌向前上方畫圓收至腹前，左掌向前上方畫弧垂肘至眼下方；目視對方。

（4）甲、乙墊步上磕臂（圖 4–4①②）

①甲、乙右腳撞擊左腳跟，左腳離地後落前方成左弓步；右臂內旋，右掌變拳由下向上碰擊對方小臂外側；左手抱拳於腰側，目視對方。

圖 4-4①

圖 4-4②

②甲、乙原地步型不變；左臂內旋，由下向上碰擊對方小臂外旋；右拳外旋收至腰側，目視對方。

圖 4-5①　圖 4-5②

圖 4-5③（前視面）　圖 4-5③（後視面）

（5）甲纏腕馬步沖拳，乙藏頭馬步抓腕（圖 4-5①②③）

甲左拳變掌，反抓乙左手腕；上體左轉，上右步於乙體後，沖右拳至乙臉部成馬步；目視對方。

乙右拳變掌，經胸至臉側反抓甲右手腕成馬步；目視對方。

圖 4–6

（6）甲、乙轉身跳換步（圖4–6）

甲跳起兩腳離地，身體騰空右轉 180 度，左腳落前在乙體後成馬步；右手帶乙右手至胸前；目視對方。

乙跳起兩腳離地，身體騰空左轉 180 度，右腳落前在甲體前成馬步；左手帶甲左手至胸前；目視對方。

圖 4–7

（7）甲橫拳，乙格擋（圖 4–7）

甲鬆右手，收左拳於腰側；上右步成右弓步，同時右拳從腰側向前上畫弧打擊乙臉側；目視對方。

乙鬆左手，收至腰側；退右步成左弓步，同時右拳從腰側向前上方畫弧格擊甲右臂內側；目視對方。

圖 4–8

（8）甲、乙上磕臂（圖 4–8）

甲、乙原地步型不變，收右拳於腰側；同時左臂內旋由下向前上方碰擊對方小臂內側；目視對方。

圖 4-9①　　圖 4-9②

（9）甲沖拳，乙架擋（圖 4-9①②）

① 甲收左拳於腰側，同時右拳由腰側向前上方沖至乙臉部；目視對方。

乙收左拳於腰側後，臂內旋屈肘由下向上架甲右手腕；右拳抱於腰側，目視對方。

② 甲右拳由上向下、由屈到伸擊乙左腹部；左拳抱於腰側，目視對方。

乙左臂由上向下屈肘擋乙右手腕；右拳抱於腰側，目視對方。

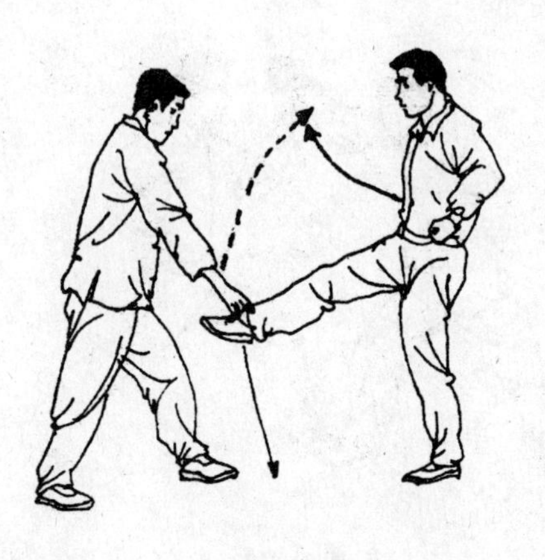

圖 4–10

（10）乙右彈腿，甲退步雙拍腳（圖 4–10）

乙收左拳於腰側，右腿由屈到伸向前上方彈踢甲腹部，腳面繃平；目視對方。

甲退右步；雙手變掌由上向下拍擊乙腳面，目視對方。

圖 4-11

（11）甲沖拳，乙抓腕（圖 4-11）

甲左掌變拳，臂內旋由屈到伸擊乙臉部；右拳抱於腰側；目視乙方。

乙落右腳；右拳變八字掌，掌心朝上，由下向上抓甲左手腕；左拳抱於腰側，目視對方。

圖 4–12①　　圖 4–12②

（12）乙換步推掌，甲按掌壓肘（圖 4–12①②）

① 乙上左步退右步；同時左拳變掌，臂內旋由曲到直立掌推擊甲胸部；目視對方。

甲右拳變掌，由腰側出，按壓乙左手背於甲胸；目視對方。

② 甲左手掙脫乙手腕，屈肘由上向下壓乙左肘關節，身體下潛；目視對方。

乙脫開右手腕，右掌變拳收至腰側；同時，右腿由直到曲；目視對方。

圖 4-13①　　圖 4-13②

(13) 乙肘砸，甲肩頂（圖 4-13①②）

乙收左手變拳，同時臂外旋屈肘提起，由上向下砸擊甲臉部；目視對方。

甲收雙手抱拳於腰側，上體靠乙，左肩撞擊乙左肋；目視對方。

圖 4-14

（14）乙橫拳，甲格擋（圖 4-14）

乙側身左臂內旋，由內向上畫弧擊甲臉側；目視對方。

甲上體回原位，左拳由腰側向上格擊乙左小臂外側；目視對方。

（15）甲沖拳，乙抓腕（圖 4-15①②）

甲右拳由腰側向乙臉部沖拳，同時收左拳於腰側；目視對方。

乙左臂外旋，左拳變掌抓接甲右手腕按壓於左下方；右拳抱於腰側，目視甲方。

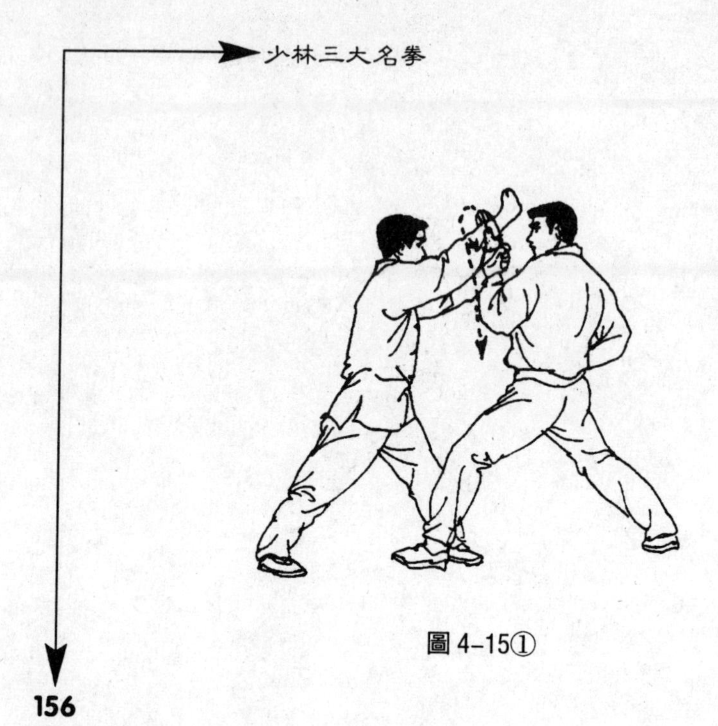

圖 4-15①

圖 4-15②

圖 4–16（前視面）

圖 4–16（後視面）

（16）乙退步成馬步，甲上步成馬步（圖 4–16）

乙上體左轉，退左步成馬步；同時拉甲右手腕，臂內旋向外畫弧至兩體（甲、乙）之間；右手抱拳於腰側，目視對方。

甲上體左轉，上右步跟左步成馬步；同時右臂內旋與乙有一臂之間距；左拳抱於腰側，目視對方。

圖 4–17①　　圖 4–17②

（17）甲推掌，乙按掌壓肘（圖 4–17①②）

甲左拳變掌，臂內旋由屈到伸立掌推擊乙胸部；同時脫右手抱拳於腰側，目視對方。

乙右拳變掌，從腰側到胸前按壓甲左手掌背；同時左手鬆甲右手腕，左臂屈肘壓甲左肘關節；目視對方。

圖 4-18

（18）甲、乙弓步下磕臂（圖 4-18）

甲左掌抽回變拳，臂內旋擊乙腰部外側；右手抱拳於腰側，目視對方。

乙左手變拳，臂內旋格擊甲左小臂外側；右手抱拳於腰側，目視對方。

（19）甲、乙雲手虛步十字手（圖 4-19①②③）

① 甲、乙雙拳抱於腰側，同時上體右轉，上左步，退右步。

② 甲、乙仰頭，同時雙拳變掌；右手先按順時針方向畫平圓，隨後，右手由上向下、向前畫立圓，屈肘至腹前；同時左手由上向後、向下、向前畫立圓至眼下方；雙腿成左虛步，目視對方。

圖 4-19①

圖 4-19②

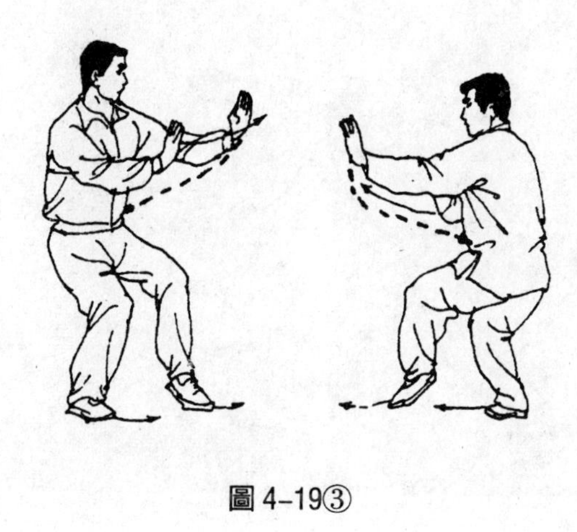

圖 4-19③

第二段

（20）甲、乙墊步上磕臂（圖 4-20①②）

① 甲、乙同時右腳撞左腳跟進身，左腳離地落前方成左弓步；右臂內旋，由腰間向前碰擊對方小臂外側；左手變拳收於腰側，目視對方。

② 甲、乙步型不變；收右拳於腰側，同時左臂內旋向前上方碰擊對方小臂外側；目視對方。

圖 4-20①

圖 4-20②

圖 4-21

（21）乙彈腿，甲退步撥腳（圖 4-21）

乙左拳收於腰側，同時右腿由屈到伸向前上方彈踢甲腹部，腳面繃平；目視對方。

甲退左步成右弓步；同時左拳變掌，由上向下畫弧撥擊乙腳外側；目視對方。

（22）甲、乙原地磕臂（圖 4-22①②）

① 乙右腳落地身體左轉成馬步；同時右拳變掌從腰間向前下方碰擊甲小臂外側；左拳抱於腰側，目視對方。

甲右弓步變馬步，同時右拳變掌從腰間向前下方碰擊乙小臂外側；左拳抱於腰側，目視對方。

圖 4-22①

圖 4-22②

②甲、乙馬步變右弓步；右臂由下向上至對方臉前，碰擊對方小臂外側；目視對方。

圖 4-23①

（23）乙撥掌彈腿，甲退步撥腳（圖 4-23①②③）

① 乙左拳變掌，由腰側向前上方至甲右手腕內側，同時向外畫弧，收右手抱拳於腰側；目視對方。

甲收右拳於腰側，退右步成左弓步；目視對方。

② 乙雙手抱拳於腰側；左腿由屈到伸彈踢甲襠部；目視對方。

甲右手變掌，從腰側由外向內撥擊乙左腳外側；左拳抱於腰側，目視對方。

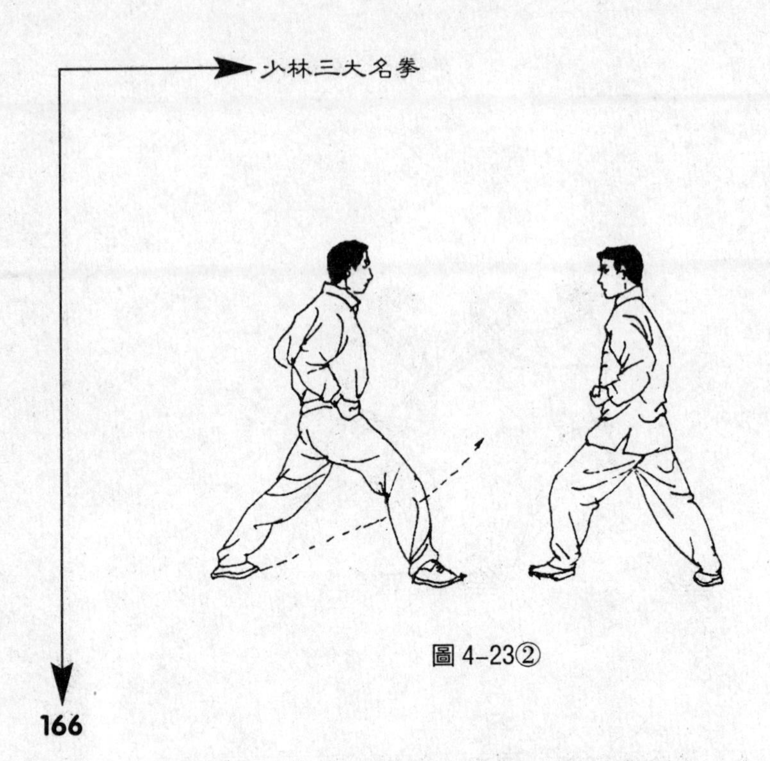

圖 4-23②

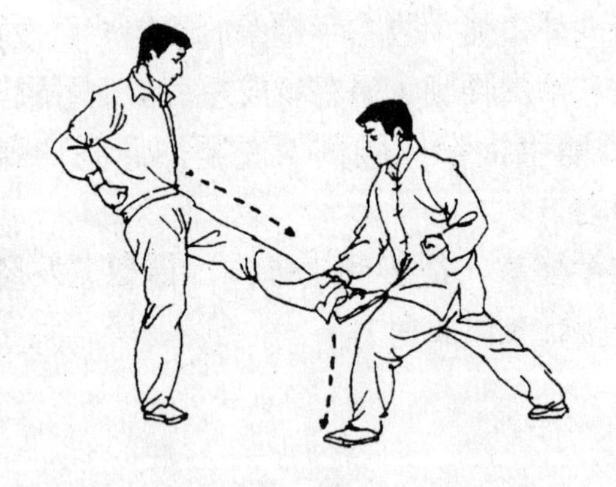

圖 4-23③

圖 4–24①　　圖 4–24②

（24）乙砍掌，甲格擋（圖 4–24①②）

① 乙落左腳成左弓步，同時左拳變掌內旋由外向內砍擊甲左肋；右拳抱於腰側，目視對方。

甲收右手抱拳於腰側，左弓步變馬步；同時左拳變掌內旋格擊甲小臂外側；目視對方。

② 乙左臂由下向上再向前砍擊甲臉部；右拳抱於腰側，目視對方。

甲左臂由下向上格擊甲小臂外側；右拳抱於腰側，目視對方。

圖 4–25

（25）甲、乙跳換步掄臂（圖 4–25）

甲、乙同時收左手抱拳於腰側，兩腳離地身體左轉 180°，右腳落前；同時右拳從腰側向對方臉前掄出，與對方肘關節相纏繞，右拳變掌抓對方上臂；目視對方。

（26）甲、乙弓步拉臂（圖 4–26①②）

① 甲右臂回拉；左拳抱於腰側，目視對方。

乙順勢上體前傾；目視對方。

② 乙右臂回拉成左弓步；左拳抱於腰側，目視對方。

甲順勢上體前傾；目視對方。

圖 4-26①

圖 4-26②

圖 4-27①

（27）乙推掌，甲跳出（圖 4-27①②③）

乙上體右轉，上左步於甲體後；左拳變掌，臂內旋由上向下繞甲臂至甲右肋；右手鬆開變掌至甲胸部，雙掌同時發力推擊甲；目視對方。

甲鬆右手，兩腳離地隨甲推力方向跳出，同時身體右轉；目視對方。

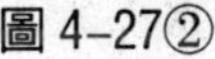
圖 4-27②

圖 4-27③

圖 4-28①

(28) 乙沖拳,甲架擋(圖 4-28①②③)

① 乙上右步成右弓步,右拳從腰側向甲臉部沖拳;左拳抱於腰側,目視對方。

甲雙腳落地,左腳在前成左弓步;左臂內旋屈肘由下向上架乙拳;右拳抱於腰側,目視對方。

② 乙右拳由上向下沖拳至甲腹部,左手抱拳於腰側;目視對方。

甲變馬步,左臂屈肘由上向下擋擊乙右拳;右手抱拳於腰側,目視對方。

圖 4-28②

圖 4-28③

圖 4-29①

圖 4-29②

（29）甲彈腿，乙退步雙拍腳（圖 4-29①②）

① 甲收左拳於腰側；右腿由屈到伸彈踢乙腹部，腳面繃平；雙手抱拳於腰側，目視對方。

圖 4-30

乙收右拳於腰側，退右步；雙拳變掌拍擊甲腳面；目視對方。

② 甲右腳落地，左腿由屈到伸彈踢乙腹部，腳面繃平；雙手抱拳於腰側，目視對方。

乙退左步，雙掌由上向下拍擊甲腳面；目視對方。

（30）乙彈腿，甲雙拍腳（圖 4-30）

乙雙掌變拳收於腰側，同時左腳向前跟步，右腿由屈到伸彈踢甲腹部，腳面繃平；目視對方。

甲左腳落地後，雙拳變掌由上向下拍擊乙腳面；目視對方。

圖 4-31①

（31）甲沖拳按掌壓肘，乙托腕推掌（圖 4-31①②③）

① 甲左手變拳，由下向上沖至乙臉部；收右手抱拳於腰側，目視對方。

乙右腳落前站立；右拳變掌，由下向上抓托甲左手腕；左拳抱於腰側，目視對方。

② 乙退右步，上左步；同時左拳變掌從腰側推擊甲胸部；右手鬆，變拳收至腰側，身體下潛；目視對方。

甲右臂內旋屈肘，右拳變掌按壓乙左手背於胸部；脫左手，左臂屈肘壓乙左肘關節；目視對方。

圖 4-31②

圖 4-31③

圖 4-32

(32)乙砍掌，甲格擋(圖 4-32)

乙收雙手抱拳於腰側，同時變左弓步；左拳變掌由內向外砍擊甲左肋，右手抱拳於腰側；目視對方。

甲收雙手抱拳於腰側，同時變右弓步；左拳變掌向外擋擊乙左手臂，右手抱拳於腰側；目視對方。

圖 4-33

（33）甲劈掌，乙架掌（圖 4-33）

甲左臂由下向上劈擊乙臉部成左弓步；右手抱拳於腰側，目視對方。

乙左臂由下向上架甲左手成右弓步；右手抱拳於腰側，目視對方。

圖 4–34

（34）甲砍掌，乙格擋（圖 4–34）

甲左臂由上向下擊乙左肋成馬步；目視對方。
乙左臂由上向下擋擊甲左臂；目視對方。

（35）甲、乙單拍腳（圖 4–35①②）

甲上體右轉，左腿由屈到伸向上彈踢，同時左掌由上向下拍擊左腳面；目視腳面。

乙上體右轉上左步，右腿由屈到伸向上彈踢，同時右拳變掌由上向下拍擊右腳面；左手抱拳於腰側，目視腳面。

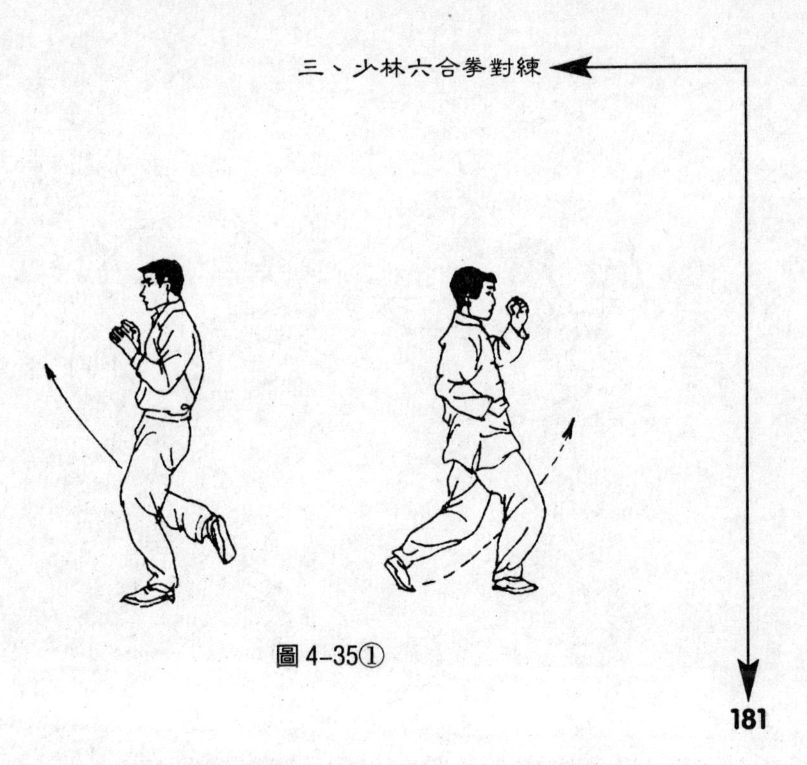

圖 4-35①

圖 4-35②

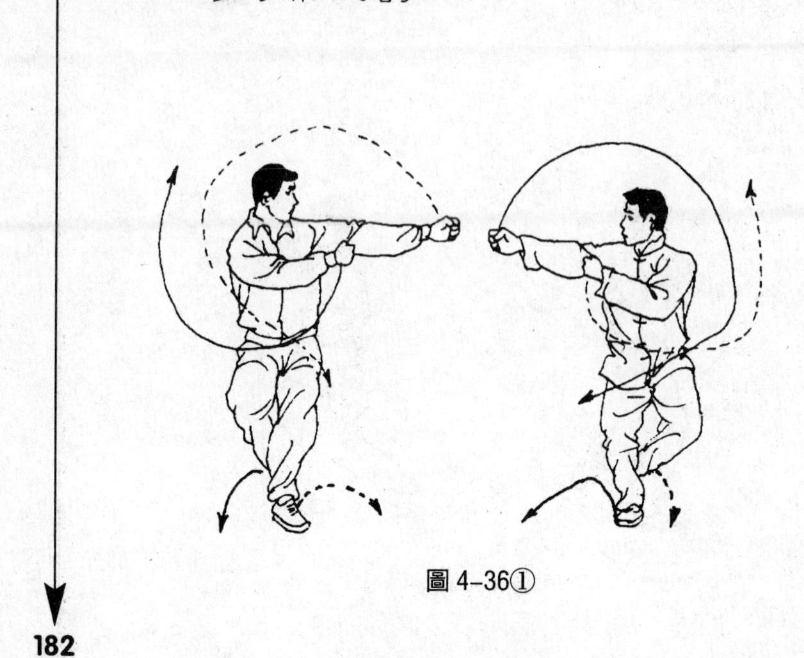

圖 4-36①

（36）甲、乙震腳坐山（圖 4-36①②）

甲收左手抱拳於腰側，左腳落地，上體右轉 90 度；左腳離地向下發力提右腿，同時雙臂於體前畫立圓（右拳按逆時針方向，左拳按順時針方向）；落右腳成馬步，同時左拳上架，右拳垂於膝側；目視對方。

乙收右手抱拳於腰側，右腳落地，上體左轉 90 度；然後右腳離地向下發力提左腳，同時雙臂於體前畫立圓（左拳按順時針方向，右拳按逆時針方向）；落左腳成馬步，同時右拳上架，左拳垂於左膝側；目視對方。

圖 4-36②

（37）收　勢（圖 4-37①②）

甲收左腳併步，同時雙拳抱於腰側；然後兩臂下垂，五指併攏在大腿兩側；目視前方。

乙收右腳併步，同時雙拳抱於腰側；然後兩臂下垂，五指併攏在大腿兩側；目視前方。

圖 4-37①

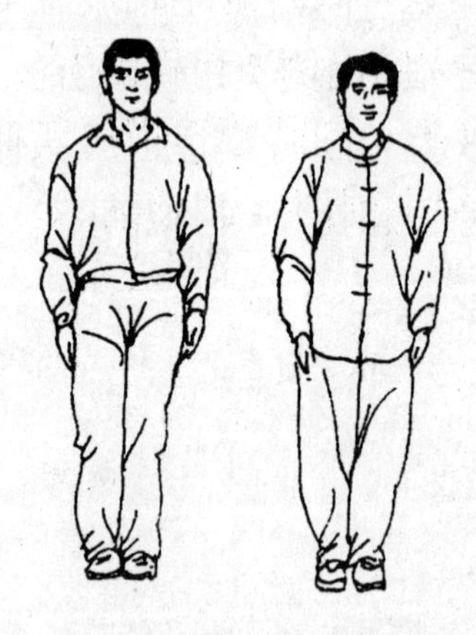

圖 4-37②

大展出版社有限公司
品冠文化出版社

圖書目錄

地址：台北市北投區(石牌)
致遠一路二段 12 巷 1 號

電話：(02) 28236031
28236033

郵撥：01669551 <大展>

傳真：(02) 28272069

・生 活 廣 場・品冠編號 61

	書名	作者	定價
1.	366 天誕生星	李芳黛譯	280 元
2.	366 天誕生花與誕生石	李芳黛譯	280 元
3.	科學命相	淺野八郎著	220 元
4.	已知的他界科學	陳蒼杰譯	220 元
5.	開拓未來的他界科學	陳蒼杰譯	220 元
6.	世紀末變態心理犯罪檔案	沈永嘉譯	240 元
7.	366 天開運年鑑	林廷宇編著	230 元
8.	色彩學與你	野村順一著	230 元
9.	科學手相	淺野八郎著	230 元
10.	你也能成為戀愛高手	柯富陽編著	220 元
11.	血型與十二星座	許淑瑛編著	230 元
12.	動物測驗—人性現形	淺野八郎著	200 元
13.	愛情、幸福完全自測	淺野八郎著	200 元
14.	輕鬆攻佔女性	趙奕世編著	230 元
15.	解讀命運密碼	郭宗德著	200 元
16.	由客家了解亞洲	高木桂藏著	220 元

・女醫師系列・品冠編號 62

	書名	作者	定價
1.	子宮內膜症	國府田清子著	200 元
2.	子宮肌瘤	黑島淳子著	200 元
3.	上班女性的壓力症候群	池下育子著	200 元
4.	漏尿、尿失禁	中田真木著	200 元
5.	高齡生產	大鷹美子著	200 元
6.	子宮癌	上坊敏子著	200 元
7.	避孕	早乙女智子著	200 元
8.	不孕症	中村春根著	200 元
9.	生理痛與生理不順	堀口雅子著	200 元
10.	更年期	野末悅子著	200 元

・傳統民俗療法・品冠編號 63

	書名	作者	定價
1.	神奇刀療法	潘文雄著	200 元

2.	神奇拍打療法	安在峰著	200元
3.	神奇拔罐療法	安在峰著	200元
4.	神奇艾灸療法	安在峰著	200元
5.	神奇貼敷療法	安在峰著	200元
6.	神奇薰洗療法	安在峰著	200元
7.	神奇耳穴療法	安在峰著	200元
8.	神奇指針療法	安在峰著	200元
9.	神奇藥酒療法	安在峰著	200元
10.	神奇藥茶療法	安在峰著	200元
11.	神奇推拿療法	張貴荷著	200元
12.	神奇止痛療法	漆 浩 著	200元

・彩色圖解保健・品冠編號 64

1.	瘦身	主婦之友社	300元
2.	腰痛	主婦之友社	300元
3.	肩膀痠痛	主婦之友社	300元
4.	腰、膝、腳的疼痛	主婦之友社	300元
5.	壓力、精神疲勞	主婦之友社	300元
6.	眼睛疲勞、視力減退	主婦之友社	300元

・心 想 事 成・品冠編號 65

1.	魔法愛情點心	結城莫拉著	120元
2.	可愛手工飾品	結城莫拉著	120元
3.	可愛打扮 & 髮型	結城莫拉著	120元
4.	撲克牌算命	結城莫拉著	120元

・少 年 偵 探・品冠編號 66

1.	怪盜二十面相	（精）	江戶川亂步著	特價 189元
2.	少年偵探團	（精）	江戶川亂步著	特價 189元
3.	妖怪博士	（精）	江戶川亂步著	特價 189元
4.	大金塊	（精）	江戶川亂步著	特價 230元
5.	青銅魔人	（精）	江戶川亂步著	特價 230元
6.	地底魔術王	（精）	江戶川亂步著	特價 230元
7.	透明怪人	（精）	江戶川亂步著	特價 230元
8.	怪人四十面相	（精）	江戶川亂步著	特價 230元
9.	宇宙怪人	（精）	江戶川亂步著	特價 230元
10.	恐怖的鐵塔王國	（精）	江戶川亂步著	特價 230元
11.	灰色巨人	（精）	江戶川亂步著	特價 230元
12.	海底魔術師	（精）	江戶川亂步著	特價 230元
13.	黃金豹	（精）	江戶川亂步著	特價 230元
14.	魔法博士	（精）	江戶川亂步著	特價 230元

15. 馬戲怪人 （精） 江戶川亂步著 特價 230 元
16. 魔人銅鑼 （精） 江戶川亂步著 特價 230 元
17. 魔法人偶 （精） 江戶川亂步著 特價 230 元
18. 奇面城的秘密 （精） 江戶川亂步著 特價 230 元
19. 夜光人 （精） 江戶川亂步著 特價 230 元
20. 塔上的魔術師 （精） 江戶川亂步著 特價 230 元
21. 鐵人Q （精） 江戶川亂步著 特價 230 元
22. 假面恐怖王 （精） 江戶川亂步著
23. 電人M （精） 江戶川亂步著
24. 二十面相的詛咒 （精） 江戶川亂步著
25. 飛天二十面相 （精） 江戶川亂步著
26. 黃金怪獸 （精） 江戶川亂步著

・熱 門 新 知・品冠編號 67

1. 圖解基因與 DNA （精） 中原英臣 主編 230 元
2. 圖解人體的神奇 （精） 米山公啟 主編 230 元
3. 圖解腦與心的構造 （精） 永田和哉 主編 230 元
4. 圖解科學的神奇 （精） 鳥海光弘 主編 230 元
5. 圖解數學的神奇 （精） 柳 谷 晃 著

法律專欄連載・大展編號 58

台大法學院 法律學系／策劃
法律服務社／編著

1. 別讓您的權利睡著了(1) 200 元
2. 別讓您的權利睡著了(2) 200 元

・武 術 特 輯・大展編號 10

1. 陳式太極拳入門 馮志強編著 180 元
2. 武式太極拳 郝少如編著 200 元
3. 練功十八法入門 蕭京凌編著 120 元
4. 教門長拳 蕭京凌編著 150 元
5. 跆拳道 蕭京凌編譯 180 元
6. 正傳合氣道 程曉鈴譯 200 元
7. 圖解雙節棍 陳銘遠著 150 元
8. 格鬥空手道 鄭旭旭編著 200 元
9. 實用跆拳道 陳國榮編著 200 元
10. 武術初學指南 李文英、解守德編著 250 元
11. 泰國拳 陳國榮著 180 元
12. 中國式摔跤 黃 斌編著 180 元
13. 太極劍入門 李德印編著 180 元
14. 太極拳運動 運動司編 250 元

15.	太極拳譜	清・王宗岳等著	280 元
16.	散手初學	冷　峰編著	200 元
17.	南拳	朱瑞琪編著	180 元
18.	吳式太極劍	王培生著	200 元
19.	太極拳健身與技擊	王培生著	250 元
20.	秘傳武當八卦掌	狄兆龍著	250 元
21.	太極拳論譚	沈　壽著	250 元
22.	陳式太極拳技擊法	馬　虹著	250 元
23.	二十四式 三十二式 太極 拳 劍	闞桂香著	180 元
24.	楊式秘傳 129 式太極長拳	張楚全著	280 元
25.	楊式太極拳架詳解	林炳堯著	280 元
26.	華佗五禽劍	劉時榮著	180 元
27.	太極拳基礎講座：基本功與簡化 24 式	李德印著	250 元
28.	武式太極拳精華	薛乃印著	200 元
29.	陳式太極拳拳理闡微	馬　虹著	350 元
30.	陳式太極拳體用全書	馬　虹著	400 元
31.	張三豐太極拳	陳占奎著	200 元
32.	中國太極推手	張　山主編	300 元
33.	48 式太極拳入門	門惠豐編著	220 元
34.	太極拳奇人奇功	嚴翰秀編著	250 元
35.	心意門秘籍	李新民編著	220 元
36.	三才門乾坤戊己功	王培生編著	220 元
37.	武式太極劍精華 +VCD	薛乃印編著	350 元
38.	楊式太極拳	傅鐘文演述	200 元
39.	陳式太極拳、劍 36 式	闞桂香編著	250 元
40.	正宗武式太極拳	薛乃印著	220 元
41.	杜元化＜太極拳正宗＞考析	王海洲等著	300 元
42.	＜珍貴版＞陳式太極拳	沈家楨著	280 元
43.	24 式太極拳＋VCD	中國國家體育總局著	350 元
44.	太極推手絕技	安在峰編著	250 元
45.	孫祿堂武學錄	孫祿堂著	300 元
46.	＜珍貴本＞陳式太極拳精選	馮志強著	280 元
47.	武當趙保太極拳小架	鄭悟清傳授	250 元
48.	太極拳習練知識問答	邱丕相主編	220 元

・原地太極拳系列・大展編號 11

1.	原地綜合太極拳 24 式	胡啟賢創編	220 元
2.	原地活步太極拳 42 式	胡啟賢創編	200 元
3.	原地簡化太極拳 24 式	胡啟賢創編	200 元
4.	原地太極拳 12 式	胡啟賢創編	200 元
5.	原地青少年太極拳 22 式	胡啟賢創編	200 元

・名師出高徒・大展編號 111

1.	武術基本功與基本動作	劉玉萍編著	200 元
2.	長拳入門與精進	吳彬　等著	220 元
3.	劍術刀術入門與精進	楊柏龍等著	220 元
4.	棍術、槍術入門與精進	邱丕相編著	220 元
5.	南拳入門與精進	朱瑞琪編著	220 元
6.	散手入門與精進	張　山等著	220 元
7.	太極拳入門與精進	李德印編著	280 元
8.	太極推手入門與精進	田金龍編著	220 元

・實用武術技擊・大展編號 112

1.	實用自衛拳法	溫佐惠　著	250 元
2.	搏擊術精選	陳清山等著	220 元
3.	秘傳防身絕技	程崑彬　著	230 元
4.	振藩截拳道入門	陳琦平　著	220 元
5.	實用擒拿法	韓建中　著	220 元
6.	擒拿反擒拿 88 法	韓建中　著	250 元

・中國武術規定套路・大展編號 113

1.	螳螂拳	中國武術系列	300 元
2.	劈掛拳	規定套路編寫組	300 元
3.	八極拳		

・中華傳統武術・大展編號 114

1.	中華古今兵械圖考	裴錫榮 主編	280 元
2.	武當劍	陳湘陵 編著	200 元
3.	梁派八卦掌（老八掌）	李子鳴 遺著	220 元
4.	少林 72 藝與武當 36 功	裴錫榮 主編	230 元
5.	三十六把擒拿	佐藤金兵衛 主編	200 元
6.	武當太極拳與盤手 20 法	裴錫榮 主編	元

・少 林 功 夫・大展編號 115

1.	少林打擂秘訣	德虔、素法 編著	300 元
2.	少林三大名拳 炮拳、大洪拳、六合拳	門惠豐 等著	200 元
3.	少林三絕 氣功、點穴、擒拿	德虔 編著	300 元

・道 學 文 化・大展編號 12

1.	道在養生：道教長壽術	郝勤 等著	250 元

2. 龍虎丹道：道教內丹術　郝勤 著　300元
3. 天上人間：道教神仙譜系　黃德海著　250元
4. 步罡踏斗：道教祭禮儀典　張澤洪著　250元
5. 道醫窺秘：道教醫學康復術　王慶餘等著　250元
6. 勸善成仙：道教生命倫理　李 剛著　250元
7. 洞天福地：道教宮觀勝境　沙銘壽著　250元
8. 青詞碧簫：道教文學藝術　楊光文等著　250元
9. 沈博絕麗：道教格言精粹　朱耕發等著　250元

・易 學 智 慧・大展編號 122

1. 易學與管理　余敦康主編　250元
2. 易學與養生　劉長林等著　300元
3. 易學與美學　劉綱紀等著　300元
4. 易學與科技　董光壁著　280元
5. 易學與建築　韓增祿著　280元
6. 易學源流　鄭萬耕著　280元
7. 易學的思維　傅雲龍等著　250元
8. 周易與易圖　李 申著　250元
9. 易學與佛教　王仲堯著　元

・神 算 大 師・大展編號 123

1. 劉伯溫神算兵法　應 涵編著　280元
2. 姜太公神算兵法　應 涵編著　280元
3. 鬼谷子神算兵法　應 涵編著　280元
4. 諸葛亮神算兵法　應 涵編著　280元

・命 理 與 預 言・大展編號 06

1. 12星座算命術　訪星珠著　200元
2. 中國式面相學入門　蕭京凌編著　180元
3. 圖解命運學　陸明編著　200元
4. 中國秘傳面相術　陳炳崑編著　180元
5. 13星座占星術　馬克・矢崎著　200元
6. 命名彙典　水雲居士編著　180元
7. 簡明紫微斗術命運學　唐龍編著　220元
8. 住宅風水吉凶判斷法　琪輝編譯　180元
9. 鬼谷算命秘術　鬼谷子著　200元
10. 密教開運咒法　中岡俊哉著　250元
11. 女性星魂術　岩滿羅門著　200元
12. 簡明四柱推命學　呂昌釧編著　230元
13. 手相鑑定奧秘　高山東明著　200元
14. 簡易精確手相　高山東明著　200元

15. 13 星座戀愛占卜	彤雲編譯組	200 元
16. 女巫的咒法	柯素娥譯	230 元
17. 六星命運占卜學	馬文莉編著	230 元
18. 簡明易占學	黃曉崧編著	230 元
19. Ａ血型與十二生肖	鄒雲英編譯	90 元
20. Ｂ血型與十二生肖	鄒雲英編譯	90 元
21. Ｏ血型與十二生肖	鄒雲英編譯	100 元
22. ＡＢ血型與十二生肖	鄒雲英編譯	90 元
23. 筆跡占卜學	周子敬著	220 元
24. 神秘消失的人類	林達中譯	80 元
25. 世界之謎與怪談	陳炳崑譯	80 元
26. 符咒術入門	柳玉山人編	150 元
27. 神奇的白符咒	柳玉山人編	160 元
28. 神奇的紫符咒	柳玉山人編	200 元
29. 秘咒魔法開運術	吳慧鈴編譯	180 元
30. 諾米空秘咒法	馬克・矢崎編著	220 元
31. 改變命運的手相術	鐘文訓著	120 元
32. 黃帝手相占術	鮑黎明著	230 元
33. 惡魔的咒法	杜美芳譯	230 元
34. 腳相開運術	王瑞禎譯	130 元
35. 面相開運術	許麗玲譯	150 元
36. 房屋風水與運勢	邱震睿編譯	200 元
37. 商店風水與運勢	邱震睿編譯	200 元
38. 諸葛流天文遁甲	巫立華譯	150 元
39. 聖帝五龍占術	廖玉山譯	180 元
40. 萬能神算	張助馨編著	120 元
41. 神秘的前世占卜	劉名揚譯	150 元
42. 諸葛流奇門遁甲	巫立華譯	150 元
43. 諸葛流四柱推命	巫立華譯	180 元
44. 室內擺設創好運	小林祥晃著	200 元
45. 室內裝潢開運法	小林祥晃著	230 元
46. 新・大開運吉方位	小林祥晃著	200 元
47. 風水的奧義	小林祥晃著	200 元
48. 開運風水收藏術	小林祥晃著	200 元
49. 商場開運風水術	小林祥晃著	200 元
50. 骰子開運易占	立野清隆著	250 元
51. 四柱推命愛情運	李芳黛譯	220 元
52. 風水開運飲食法	小林祥晃著	200 元
53. 最新簡易手相	小林八重子著	220 元
54. 最新占術大全	高平鳴海著	300 元
55. 庭園開運風水	小林祥晃著	220 元
56. 人際關係風水術	小林祥晃著	220 元
57. 愛情速配指數解析	彤雲編著	200 元
58. 十二星座論愛情	童筱允編著	200 元

國家圖書館出版品預行編目資料

少林三大名拳　炮拳、大洪拳、六合拳／門惠豐 馬學智 齊海 主編
——初版，——臺北市，大展，2003〔民92〕
面；21公分，——（少林功夫；2）
ISBN 957-468-204-8（平裝）

1.少林拳

528.97　　92000735

北京體育大學出版社授權中文繁體字版

少林三大名拳 炮拳、大洪拳、六合拳　ISBN 957-468-204-8

主編者／門惠豐　馬學智　齊　海
責任編輯／潘建林　董英雙
發行人／蔡森明
出版者／大展出版社有限公司
社　址／台北市北投區（石牌）致遠一路2段12巷1號
電　話／（02）28236031・28236033・28233123
傳　眞／（02）28272069
郵政劃撥／01669551
E－mail／dah_jaan@yahoo.com.tw
登記證／局版臺業字第2171號
承印者／高星印刷品行
裝　訂／協億印製廠股份有限公司
排版者／弘益電腦排版有限公司
初版1刷／2003年（民92年）4月

定價／200元

大展好書　好書大展
品嘗好書　冠群可期